LE BIENHEUREUX

BARTHÉLEMY DE BRÉGANCE

ÉVÊQUE DE VICENCE

DE L'ORDRE DES FRÈRES PRÊCHEURS

PAR

MARGUERITE DE WARESQUIEL

PARIS

LIBRAIRIE LETHIELLEUX

22, RUE CASSETTE

1905

LE BIENHEUREUX

BARTHÉLEMY DE BRÉGANCE

ÉVÊQUE DE VICENCE

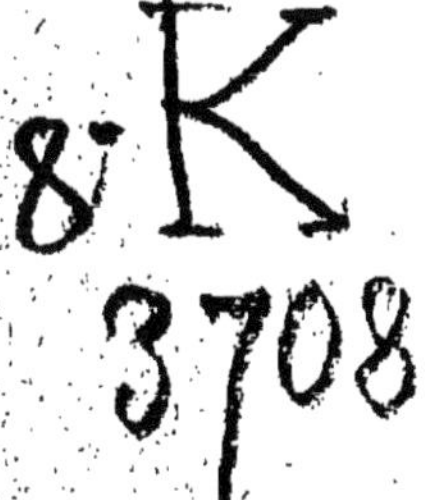

LE BIENHEUREUX

BARTHÉLEMY DE BRÉGANCE

ÉVÊQUE DE VICENCE

DE L'ORDRE DES FRÈRES PRÊCHEURS

PAR

MARGUERITE DE WARESQUIEL

PARIS

LIBRAIRIE LETHIELLEUX

22, RUE CASSETTE

—

1904

Eglise de la Sta Corona.
Portail d'après une photographie de Volta.

CHAPITRE PREMIER

Barthélemy de Brégance apparaît, à l'aube du XIIIe siècle sous un aspect vraiment original. Ascète, apôtre, thaumaturge, évêque, il figure dans ce grand siècle parmi les moines dont le génie nous émerveille et dont les vertus s'épanouissent et donnent leur dernière floraison. Ce caractère vraiment typique ménage d'étranges surprises·à tout esprit sérieux qui l'étudie au point de vue surnaturel. Les vertus les plus contraires s'y maintiennent dans une douce harmonie, la candeur s'y joint à une mâle énergie, l'humilité à une noble fierté, la droiture à une rare habileté.

Les historiens du moyen âge et des temps modernes ont tenté de mettre en lumière cette singulière physionomie. Or, parmi les nombreux écrits qui relatent la vie du B. Barthélemy, il en est que l'on peut considérer comme des documents irréfragables, tels sont ses mémoires personnels transcrits de sa propre main, les attestations du procès de canonisation, les chroniques contemporaines de Godi, Smeregi, Salimbene,... etc., auxquelles vient se joindre un codex manuscrit, d'un auteur anonyme, signé P. Z. daté de 1376 attribué au Père Zanibono, Prieur du couvent de Vicence à cette époque. A ces sources primitives les auteurs de l'Ordre apportent leurs traditions séculaires. Parmi eux, il convient de mentionner Odéric Ràynaldi, Leandre Albert, Tægio, Lequien, Fontana, Marchese, Pio, Echard... C'est en compulsant ces écrits, au nombre de cent vingt environ, c'est en les interprétant d'après les ingénieuses critiques des historiens modernes, qu'il nous a été permis d'écrire quelques pages sur ce moine « vraiment grand parce qu'il fut vraiment humble [1]. »

Barthélemy naquit de l'illustre famille des comtes de Brégance, ainsi que l'attestent les auteurs contemporains. Ici, les textes abondent et se reproduisent en ces termes d'une manière presque identique : « Barthélemy était issu de la race des comtes de Brégance, famille noble et riche de Vicence ». La seigneurie de

---

1. Bossuet, Lettre aux religieuses de Port-Royal.

Brégance comprenait non seulement le château qui porte ce nom, mais encore la terre de Marostica. Marchese et Barbarano font remonter l'origine de ce fief au IIe siècle, mais cette opinion ne repose sur aucun fondement. Le nom des comtes de Brégance n'apparaît qu'au XIIIe siècle. Pilori, historien de Bellune fait mention d'un Anselme de Brégance, évêque de cette ville de 1200 à 1204 [1] et Battista Peretti, dans sa série des évêques de Vérone cite Jacques de Brégance, comme ayant occupé ce siège de 1225 à 1252. Ce dernier fut, ainsi que le rapporte Moroni, un pasteur éminent. Chassé de son siège épiscopal par Eccelin, il mourut à Brescia après deux années d'exil [2]. Cette illustre famille s'éteignit avec le B. Barthélemy. Smeregi cite, comme derniers rejetons, deux matrones nobles et riches, l'une nommée Déosia, fille de Jacques de Brégance, mariée au comte Beroaldo, l'autre appelée Odelia, unie au fils de Riccardino Litolfo, podestat de Vicence en 1260. Il est difficile de déterminer à quelle branche appartenait notre

---

1. Angiol-Gabriello di Sta Maria, Biblioteca e storia de'scrittori Vicentini, T. I, p. XXXVIII.

2. Moroni, Dizionario de erudizione storico ecclesiastica, T. XCV, p. 27.

Saint. Fut-il fils de Jacques et frère de Déosia, ou frère d'Odelia, dont le père, d'après les recherches de Castellini serait Rodolphe de Brégance ? Selon Barbarano, Xoino, fils de Bortoliano de Brégance, envoyé par Vicence à Venise en 1260 avec le titre d'ambassadeur aurait été le frère de notre Bienheureux [1]. L'arbre généalogique de cette famille, conservé au couvent de Vicence le confirme, mais il semble un peu fantaisiste et manque de précision. Il affirme, entre autre que Xoino mourut sans succession tandis qu'il est avéré qu'il eut un fils, nommé Teobaldo, lequel précéda les deux matrones dans la tombe.

Les Bollandistes ont cependant contesté la noblesse des seigneurs de Brégance. « Leur doute a donné occasion, dit Touron, de consulter sur cela la société Palatine de Milan, qui avait fait imprimer la chronique d'Antoine Godi dans le recueil de Muratori. La réponse de M. Argelaty, directeur de cette savante et illustre société, a été que sur la foi des anciens manuscrits, on pouvait affirmer, sans aucun doute, que le B. Barthélemy était de la Maison des comtes de Brégance, seigneurs du château

----

1. Barbarano, Historia ecclesiastica di Vicenza, Cap. XXXIX, L. II, p. 98.

de ce nom [1] ». Mais M. Argelaty ne se contente pas de cette attestation. Interrogé par le Maître Général des Dominicains, il répond le 18 juillet 1730 en ces termes : « Je tiens à vous dire, non seulement sur l'autorité d'Hercule Fortizia, mais encore sur un très ancien manuscrit qu'il conservait et dont il reste un exemplaire à la bibliothèque Ambrosienne, je tiens à vous affirmer que le B. Barthélemy tire son origine des comtes de Brégance [2] ». Le fait est attesté par Godi [3], chroniqueur contemporain, par les régestes du Vatican et par les bulles de la canonisation. Smeregi lui donne, il est vrai, le nom de Barthélemy de Vicence [4], mais il n'y a pas lieu d'en être surpris puisqu'en renonçant au monde, il dut abandonner son nom patronymique, selon l'usage au XIIIe siècle. On peut donc affirmer, en se basant sur les chroniques contemporaines que notre Bienheureux était issu de l'illustre famille des comtes de Brégance.

---

1. Touron, La vie de S. Dominique avec l'histoire abrégée de ses premiers disciples, L. V. p. 509.

2. Lequien, Oriens christianus, T. III.

3. Godi Antonii, Chronica Vicent. Muratori, T. VIII, p. 67.

4. Smeregi, Chronica Vicent. Muratori, T. VIII, p. 95.

Parmi les documents relatifs aux origines du B. Barthélemy, aucune charte ne précise l'année de sa naissance. Son testament est la source la plus sûre dont on puisse tirer des conjectures. Or, il déclare d'une part : « avoir vu la lumière en la fête de la Nativité » et de l'autre « avoir été nourri et instruit dans l'Ordre de S. Dominique dès l'enfance [1] ». Etant donné qu'il prit l'habit vers 1219, on peut conclure que sa naissance doit être placée dans les premières années du siècle, le jour de la fête de la Nativité, c'est-à-dire le 8 septembre.

Le B. Barthélemy naquit à Vicence. Entourée de montagnes, baignée par le Bacchiglione et le Retrone, cette antique cité et son district ont été surnommés le *Jardin* de l'*Italie*. La plaine est verdoyante et parfumée. Les collines Berici, Euganei, les monts de Trévise, de Vérone, de Vicence lui font comme une riante couronne. La campagne est couverte de riches vallées, qu'ombragent, contre les excès de la chaleur, des vignes et des mûriers. Lorsqu'on suit les chemins qui les traversent, on est ravi des guirlandes de pampres qui, doucement se balancent d'un arbre à un autre

---

1. Barthélemy de Brégance, Testament.

comme s'il s'agissait d'un triomphe antique sur la voie sacrée. Pour bien apprécier ce pittoresque et charmant panorama, il faut gravir le mont Berico dont la Madone, de ce haut piédestal semble bénir incessamment la ville. De là on juge ses monuments, remarquables par leur élégance et merveilleusement encadrés par la nature.

C'est dans une de ces somptueuses demeures de Vicence, à l'architecture sévère et pure que naquit l'enfant qui devait émerveiller le monde par la générosité de ses sacrifices. Son père était chevalier, ainsi que le prouve le bullaire de la béatification. Sa mère apparaît sous la figure d'une de ces riches matrones, généreuses et loyales, dont les légendes racontent mille faits gracieux et dont les chastes peintures des primitifs se plaisent à reproduire les traits austères et doux.

Léon Gautier dans son poétique ouvrage sur la chevalerie, rapporte en un style charmant l'émotion qui régnait au moment de la naissance d'un enfant dans ces demeures patriarcales. A peine le petit chevalier a-t-il vu le jour que le père appelle ses barons : « Faites-vous joyeux et rassurez-vous. Il est né le seigneur dont vous tiendrez vos terres, celui qui vous donnera vos riches fourrures, le vair et le gris, les belles armes et les chevaux de prix ». Et il ajoute avec fierté : « dans quinze ans, mon fils sera chevalier ». Cette petite scène de Garin le Loherain, nous la reproduisons textuellement, puis qu'au dire de l'auteur, « elle peut servir de type. C'était partout la même joie [1] ».

Le jour du baptême avait alors une grande importance et n'était pas différé. On ne connaissait pas ces vains atermoiements dont s'accommode aujourd'hui notre foi imparfaite et molle. « Vite, vite aux fonts » et comme le dit un poète de ce temps-ci : « L'ange gardien rempli de zèle, — Serait, je pense, disposé — A prendre l'enfant sur son aile — Pour qu'il fut plus tôt baptisé ». Le futur chevalier est porté dans les bras d'une riche matrone ou d'une jeune fille, splendidement enveloppé dans des draps d'or et de soie sarrasine. Les parrains et les marraines ne manquaient pas alors ; il arriva que ce fut un luxe comme un autre et qu'on alla en Allemagne jusqu'au nombre de douze [2]. Néanmoins, la plupart des conciles du XIIIe siècle admettant deux parrains et une marraine pour un garçon, on peut pré-

---

1. Léon Gautier, la Chevalerie, p. 102.
2.   Id.   p. 111.

sumer qu'il en fut ainsi pour l'héritier du comte de Brégance.

Barthélemy demeura sans doute, selon l'usage à cette époque, confié à la sollicitude de sa mère jusqu'à l'âge de sept ans. Ange de son berceau, elle sera son premier précepteur et devra faire éclore dans l'âme du petit enfant ce sentiment religieux qui ne s'effacera jamais. Lumière calme et sereine, sa mère ouvrira son intelligence aux clartés de la foi et dans son cœur elle déposera les semences d'une générosité noble et virile.

La largesse, la droiture étaient alors la base de toute éducation. « Soiez large à tous, dira-t-elle au futur chevalier ; car tant plus donras, plus acquerras d'honneur et plus riche seras [1] ». « Fins cuers ne peut mentir ». Tels sont les deux préceptes qui préparent l'enfant aux luttes de la vie. Puis, on lui apprend à former ses lettres sur des tablettes de cire à l'aide d'un stylet, et quand le succès répond à ses efforts on lui confie quelques feuilles de parchemin. Enfin les exercices physiques tiennent une place notable dans l'éducation de l'enfant noble. « A cinq ans, il joue aux échecs, aux dés, pérore gentiment et surtout monte admirablement à

---

1. Léon Gautier, la Chevalerie, p. 137.

cheval ». Tel est le portrait d'un tout petit rapporté par Daurel et Beton, vers 1249, cité par Léon Gautier.

L'autorité paternelle n'agit pas encore ; la candeur et les charmes de l'enfant séduisent peu les chevaliers du moyen âge. Ce n'est qu'à l'âge de sept ans qu'il est admis à la table seigneuriale et qu'il prend place au foyer de la famille. Mais alors commence l'éducation virile. N'ayant plus besoin des soins délicats que réclament les jeunes années, on songe à l'avenir.

Il semble qu'au sortir de l'enfance, Barthélemy eut à opter entre la carrière des armes et celle des sciences. Toutefois cette période de sa vie demeure obscure et le seul fait attesté par lui dans son testament est qu'attiré vers la vie intellectuelle et monastique, il quitta fort jeune la maison paternelle et vint à Padoue suivre les leçons des Rhéteurs. Cette préférence du comte de Brégance en faveur de Padoue s'explique aisément par le déclin momentané que subissaient alors les écoles de Vicence [1]. L'auteur anonyme de la vie du B. Barthélemy attribue ce choix au Père Gior-

---

1. Consulter, H. Denifle, Die Universitæten des Mittel-alters, p. 277 et 298.

dano Sforzati, célèbre bénédictin dont l'influence était très grande à Padoue. Rollandini assure, dans sa chronique « qu'il régissait la ville comme un père de famille gouverne sa maison ». L'enfant lui aurait été confié. Cette opinion soulève une sérieuse objection. Est-il admissible que Barthélemy, dans le récit de sa jeunesse, ait passé sous silence cet insigne bienfaiteur? Or, loin d'en parler, il déclare avec une reconnaissance pleine d'ingénuité que les bienfaits de son éducation, il les doit entièrement aux Frères Prêcheurs.

L'hagiographie dominicaine n'offre aucun détail sur cette période de sa vie et un voile impénétrable dérobe à nos yeux ces années de formation intellectuelle et morale. Il semble que ce fut à Padoue qu'il reçut pour la première fois l'Eucharistie, mais cette solennité touchante qui ébranle les cœurs les plus endurcis était inconnue dans ce siècle à demi barbare. Cette rencontre de l'Infini, ces désirs palpitants d'un cœur épris de Dieu, les virginales mélodies échappées de ces lèvres enfantines n'ont pas même tenté le verbe ingénu des légendaires. La chronologie des évêques de Padoue mentionne Gerardo Pomadello et Giordano Maltraversi, comme ayant gouverné l'Église de Padoue à cette époque. Ce dernier, grand ami des Frères Prêcheurs, obtint en 1217 une colonie de Religieux et ce fut dans cette communauté naissante que le B. Barthélemy puisa les premières notions de la vie monastique.

La jeunesse était, ainsi que nous l'avons constaté, exposée, en ces centres d'études, à de lamentables défaillances, mais soit que notre Saint ait trouvé un ange tutélaire dans le couvent des Dominicains, soit qu'il fut déjà dirigé par l'austère sentiment du devoir, toujours est-il que sa jeunesse put s'épanouir dans l'innocence et qu'une chair sans tache s'y unit, selon la pensée du Père Lacordaire, à une foi qui n'a pas connu d'ombres [1]. Peut-être faut-il faire remonter à cette époque une sainte émulation et les liens intimes et doux qu'il contracta avec Pierre de Vicence, Giovanni de Schio et Isnard de Chiampo qui devinrent des membres illustres de la famille de S. Dominique.

Les chroniques de l'Ordre représentent le B. Barthélemy comme le modèle des étudiants et il semble que sa précoce humilité put seule dissimuler ses triomphes scolaires. Selon l'usage, le jeune seigneur de Brégance devait,

----

1. Lacordaire, Oraison funèbre de B. Fourrier.

en compagnie de quelques amis, faire de joyeuses excursions dans les environs de Padoue. Il est aisé de se le représenter ainsi à cheval, entouré de ses condisciples. Le vêtement consistait alors en un justaucorps de soie et des chausses de couleur sombre. Les jeunes gens portaient, selon la mode du temps, un riche manteau et sur la tête une toque ornée de plumes aux nuances claires. Le front était ceint de couronnes de roses et au cou brillait un collier d'or ou de pierreries. Mais au milieu de ces joyeuses promenades, le B. Barthélemy priait et une charité brûlante embrasait son cœur. Désénchanté des jouissances terrestres, à peine entrevues, il aspirait à l'heure bénie où il pourrait les sacrifier à Dieu.

L'époque de la prédication de S. Dominique à Padoue fut celle de la délivrance morale du B. Barthélemy. Elle est difficile à préciser et oscille entre 1218 et 1220 [1]. Souèges dépeint en ces termes, dans un style naïf et imagé, la vocation de notre Bienheureux : « Il fut pieux dès son enfance, dit-il, et notre Père S. Dominique étant allé à Padoue pour y décharger à

---

1. Carl Sutter, Fra Giovanni da Vicenza e l'alleluia del 1233, p. 45.

son ordinaire les eaux salutaires de la doctrine, la terre du cœur de Barthélemy en fut abreuvée. Le saint le reçut à bras ouverts et lui donna l'habit de ses propres mains [1] ». Cette affirmation de Souèges est d'ailleurs confirmée par les anciens auteurs, mais leur concision donne lieu à des lacunes regrettables. Dans un élan spontané, Barthélemy vint-il seul se jeter aux pieds de S. Dominique, dont la parole avait charmé son cœur? Fut-il accompagné de ses condisciples, dont plusieurs prirent l'habit à cette époque ? Que se passat-il entre le cœur enflammé de l'apôtre et celui de l'angélique enfant ? Quel fut ce commerce intime entre leurs âmes et qui en a scruté le touchant mystère? Ici encore, faute de détails, on se perd en conjectures. Le plus sûr est donc de rapporter son affirmation personnelle, si profonde, malgré son laconisme : « *ab infantia nutriti in disciplina et moribus sub observantia nostri institutoris B. Dominici eruditi et informati fuimus* [2] ».

Les parents du B. Barthélemy ne semblent pas avoir mis obstacle à l'appel divin et, con-

---

1. Souèges, Année dominicaine ou les vies des Sts de l'Ordre des F. Prêch. T. I de mai ; p. 832.
2. Barthélemy, testament.

sommant ce sacrifice prématuré, il reçut la robe blanche des Frères Prêcheurs au couvent de Padoue. Quelques auteurs ont prétendu que sa prise d'habit eut lieu à Bologne; le Père Scholari, dans les bulles de Canonisation assigne même Toulouse comme lieu de son noviciat, mais la première opinion a prévalu et l'on peut conclure que S. Dominique, l'ayant revêtu des livrées de l'Ordre, s'éloigna de Padoue et vint avec lui à Bologne. On comprend que le Fondateur, sentant le trésor qui lui était confié, s'empressa de le remettre en des mains habiles. Or, le couvent de S. Nicolas était alors sous la direction du B. Réginald dont « la parole de feu ébranlait Bologne », au dire de Jourdain de Saxe. « Toute la ville était en effervescence, comme à l'apparition d'un nouvel Elie. » On conçoit ce que fut sa formation religieuse auprès de ce maître incomparable et dans un tel foyer de sainteté. Touron assure qu'il devint avec S. Pierre martyr un des disciples de prédilection du célèbre Roland de Crémone.

« La jeunesse, dit S. Bernard, est l'âge du mâle courage ». Il en fallait au B. Barthélemy pour embrasser si jeune les rigueurs d'une vie pénitente et d'un institut nouveau. « Rien n'était plus dur que la vie des Frères, ainsi que le fait observer le P. Lacordaire ; la pauvreté se faisait sentir à eux par toutes sortes de privations. Leur corps et leur esprit fatigués du travail de la propagation évangélique, ne se réparaient que dans le jeûne et l'abstinence. Une nuit brève sur une couche austère succédait aux longues heures du jour [1]. » On conçoit que la nature était vaincue. Devant ces holocaustes prématurés, Bossuet laissa un jour échapper ce grand cri d'admiration qui peint en quelques mots les immolations de la vie monastique : « O membres délicats, s'écrie-t-il, membres souvent couchés sur la dure ! ô fontaine de larmes, source de joie ! ô admirable ferveur d'esprit et prière continuelle ! ô âme qui soutenait le corps presque sans aucune nourriture ! ou plutôt, ô corps contraint de mourir avant la mort afin que l'âme fut en liberté ! [2] »

Au don généreux du premier jour succède, pour Barthélemy la période du noviciat, période obscure, heure du silence solennel où l'âme se recueille et laisse éclore sous le soleil du bon Dieu, les semences cachées dans son sein. Cette heure silencieuse et apaisée est le prélude de toute élévation morale. Pour le novice,

---

1. Lacordaire, Vie de S. Dominique, p. 221.
2. Bossuet, Oraison funèbre du R. P. Bourgoing.

« tout est clos envers la terre et ouvert du côté du Ciel », selon l'expression de S. Grégoire, « Tout entier il se donne à la prière, à ce chant d'amour qui ne tarit jamais, à cet amour qui lui fait trouver une consolation dans les larmes, un repos dans la souffrance et qui assied son âme sur les sommets de la contemplation [1]. » L'étude des sciences divines, s'impose ensuite comme un devoir si rigoureux dans l'Ordre que le cardinal Cajetan déclare en état de péché mortel « tout Frère Prêcheur qui ne consacre pas au moins quatre heures par jour au travail intellectuel ».

Humbert de Romans revient sans cesse sur cette obligation fondamentale des constitutions dominicaines : « L'étude, dit-il, est la source féconde de tous les biens, elle donne la force de supporter le poids de la vie, car elle est pour l'âme une nourriture vivifiante, elle réchauffe le cœur, le rend plus ardent et plus tendre envers Dieu ; elle chasse enfin, du cœur du Religieux, par la douceur de son commerce, l'ombre troublante de l'ennui, ce ver rongeur qui suce les forces vives de l'âme et la rend inféconde [2].

---

1. Clausier, S. Grégoire-le-Grand, p. 64.
2. Humbert de Romans, Opera de vita regulari, Ed. Berthier.

Mais il faut le reconnaître, l'assiduité à l'étude, la rigueur de la pénitence, la majesté silencieuse du cloître n'excluaient pas la joie chez les novices et ces immolations n'étaient pas sans douceur. Ne voyaient-ils pas dès le début, leurs efforts récompensés par de chastes embrassements et d'inénarrables ivresses ? La liberté du cœur et de l'esprit est d'ailleurs une des lois primordiales du code dominicain. L'obéissance elle-même, qui règle à chaque instant la vie du novice, Humbert de Romans la veut toute joyeuse, toute filiale et toute libre. Ce n'est pas la soumission de l'esclave traîné au devoir par une force irrésistible contre laquelle sa volonté se révolte en la subissant, mais bien l'obéissance qui agit librement sous l'impulsion du supérieur [1]. Chez le Frère Prêcheur, un respect sincère de l'autorité s'allie à quelque chose de franc et de naturel qui révèle, dès la première vue le chrétien affranchi de la crainte par l'amour [2].

Ces années de formation religieuse s'écoulèrent rapidement. « On ne pouvait voir, au dire de Souèges, un Religieux plus dévot, plus mortifié, plus zélé, ni plus assidu à l'étude que

---

1. Humb. de Rom., S. Thom. Aq., 2ª 2ᵃᵉ, q. 104, art. 1.
2. Lacordaire, Vie de S. Dominique, p. 144.

Barthélemy ». Il faut cependant constater que cette élévation morale et cette ascension des énergies étaient tempérées et vivifiées en lui par une mystique profonde et par une humble et douce charité.

Pendant que notre Bienheureux se préparait à la réception des Ordres sacrés un événement inattendu vint jeter la consternation dans la famille des Frères Prêcheurs. S. Dominique était mort et sa fin prématurée ouvrait un abîme devant eux. Tous les Frères avaient connu et admiré dans leur Fondateur, l'homme le plus hardi par le génie, le plus tendre par le cœur qui ait existé. Il posséda, dans une fusion parfaite ces deux qualités. Il exprima l'une par une vie extérieure d'une activité prodigieuse, et l'autre par une vie intérieure dont on peut dire que chaque souffle était un acte d'amour envers Dieu et envers les hommes [1]. Qui donc allait le remplacer ? Chacun s'arrêtait doublement attristé au bord de la tombe qui venait de se fermer et devant le vide qu'il laissait en disparaissant, on se demandait avec angoisse quelles mains pourraient le combler [2].

---

1. Lacordaire, Vie de S. Dominique, p. 302.
2. Bernard, Les Dominicains dans l'Université de Paris, p. 66.

Barthélemy, son disciple bien aimé eut-il la consolation de recevoir ses derniers enseignements ? On peut le supposer et cette conjecture se base sur les documents qui assignent Bologne comme lieu de son noviciat. Nul ne peut douter du moins que le deuil où fut plongée la famille dominicaine ne trouva un écho douloureux dans son cœur.

Dix mois s'écoulèrent dans la prière et l'attente. Au Chapitre Général incombait le redoutable devoir de donner un chef aux Frères Prêcheurs. Le 22 mai 1222 les Provinciaux et les députés des diverses maisons s'assemblèrent à Paris au couvent de S. Jacques [1]. Les suffrages désignèrent Jourdain de Saxe pour succéder à S. Dominique. « A son avènement correspond une ère plus longue et plus brillante que la première ; c'est l'ère de la consolidation et du développement jusqu'à la pleine maturité. Elle s'annonce sous le gouvernement du B. Jourdain et se prolonge sous celui de S. Raymond de Pennafort, de Jean le Teutonique et d'Humbert de Romans [2] ». Cette époque glorieuse est celle de notre

---

1. Echard, script. Ord. Præd, T. I, cap. gen, p. XVI.

2. Danzas, Etudes sur les temps primitifs de l'Ordre de S. Dom, T. I, p. 1.

Bienheureux ; « elle offre toutes les splendeurs réunies, sainteté, doctrine, œuvres apostoliques [1] ».

---

1. Danzas, Etudes sur les temps primitifs de l'ordre de S. Dom, T. I. p. 1.

CHAPITRE II

Humbert de Romans, ordonne « de laisser les novices mûrir à l'ombre des cloîtres avant de les produire au soleil. » Cette période de formation religieuse étant écoulée, il arrive un moment ou selon la vieille devise : « les plumes deviennent plus grandes que le nid ». Il en fut ainsi du B. Barthélemy. Parvenu au faîte des sciences divines, revêtu des Ordres sacrés, il nous apparaît sur le seuil de son cloître, tout enflammé de zèle et mûr pour le ministère apostolique. Il est certain qu'il débuta par les fonctions de *Lecteur* au couvent de Bologne, mais il est difficile de préciser la date de son élection à ce poste important.

Quelques auteurs l'ont placée en 1220, c'est-à-dire au moment de sa profession religieuse. Or, un cycle de quatre années étant obligatoire pour l'obtention de ce grade, il est

inadmissible qu'il fut chargé de cet office avant
1224. Les principales attributions du lecteur
étaient de lire et de commenter la Ste Écriture
chaque jour et de disputer une fois par semaine.
On sait quelle importance revêtaient alors ces
discussions exégétiques, créées dans les écoles dominicaines à l'instar de celles de l'Université de Paris et quelle noble émulation elles
excitaient entre les jeunes Religieux. « Parmi
les professeurs qui enseignaient à Bologne,
Barthélemy resplendissait, au dire de Barbarano, par sa science prodigieuse [1] ». Mais
l'enseignement claustral ne suffisant pas à son
activité, on lui confia bientôt le ministère de
la prédication. Au Religieux contemplatif, au
professeur savant succède alors l'ardent missionnaire. Le jeune apôtre se révèle et son
éloquence émerveille les foules et les entraîne
dans les voies de la conversion. L'effervescence
de la parole sacrée était prodigieuse en ces
âges de foi et une charité si chaude s'était
emparée des Frères Prêcheurs que « la plupart
d'entre eux ne se seraient pas cru autorisés
à prendre leur nourriture, s'ils n'avaient auparavant distribué le pain de la parole divine. »

------

1. Barbarano, Historia ecclesiastica di Vicenza. L. II,
p. 98.

Ainsi s'exprime Gérard de Frachet, témoin oculaire de cette primitive ferveur.

Les bulles de la canonisation nous apprennent « que Barthélemy, plus que tout autre, était enflammé de zèle. Il parcourait les villes, les campagnes, pénétrait dans les places fortes, n'épargnant aucun labeur, ne redoutant aucun péril pour reprendre le vice, extirper l'hérésie, apaiser les discordes. Qui pourrait exprimer ce qu'il supporta de fatigues et courut de dangers dans ces œuvres difficiles entre toutes ! Mais rien ne l'arrêtait et partout il portait les paroles de pénitence et de réconciliation [1].

Touron nous apprend « que Dieu, afin de rendre les peuples plus dociles aux vives exhortations de ceux qui s'employaient avec tant de zèle à leur procurer la paix et le salut ou pour punir les séditieux que rien ne paraissait capable de ramener au devoir, frappa l'Italie de plusieurs fléaux : à de grands tremblements de terre succédèrent la stérilité, la famine, la peste, des froids extraordinaires, et bientôt après les inondations qui désolaient les villes et les campagnes [2]. » En cette heure d'infortune pour son malheureux pays, le B.

---

1. Bulles de Canonisation.
2. Touron, Disc. de S. Dom., p. 510.

Barthélemy se multiplia, releva les cœurs par l'espérance et disposa les peuples, par des prières expiatrices, à un retour sincère vers le Dieu des miséricordes.

Ces travaux apostoliques ne semblent pas avoir nui à l'enseignement de notre Bienheureux, ainsi que le prouve le texte d'Echard qui nous le montre en 1230 comme professeur de théologie au couvent de Bologne. Quelques mois après, sa présence est signalée à Parme, à titre de missionnaire. Salimbene raconte que son apostolat y fut fécond et accompagné de nombreux miracles. Cette attestation est d'une grande valeur, car elle vient d'un chroniqueur contemporain, moine franciscain, peu enclin à l'admiration envers les autres Ordres Religieux. Curieux et railleur, Salimbene voyage de couvent en couvent, ouvrant les yeux et les oreilles, toujours à l'affût des anecdotes, même de celles qui sont peu édifiantes. Aussi quand il porte ce témoignage sur notre Bienheureux : « Item Fr. Bartholomæus similiter de Vicentia de Ordine supradicto (Præd.) qui Parmæ miracula faciebat [1], » on est en droit de lui décerner le titre de *thaumaturge*.

L'Italie présentait, en 1233, un lamentable

---

1. Salimbene, Chronica, Parme, 1857, p. 351.

spectacle. « Parme surtout était en proie à toutes les horreurs de la guerre civile et il paraissait impossible, à moins d'une divine intervention, de pacifier tant de haines. Barthélemy pleurait amèrement ces maux, au dire de son biographe, et il s'entendit avec ses Frères pour apaiser ces sanglantes rivalités [1]. Pendant que Giovanni de Schio et ses compagnons entreprennent la conversion des campagnes de la Marche Trévisane, notre Bienheureux se fixe à Parme et cette antique cité devient le lieu de son triomphe. Le même auteur raconte « qu'il ébranla par ses prédications les cœurs les plus farouches et les obligea à contracter publiquement la paix ». L'élan était donné et les missions des Frères Mendiants furent si prodigieuses que l'an 1233 demeure célèbre dans l'histoire sous le nom de *l'Année de la dévotion générale*. On vit alors un étrange spectacle, celui de populations entières, rangées sous des bannières, parcourant les villes au chant des cantiques.

L'instigateur de ces processions connues sous le nom de « *l'Alleluia* » fut Fra Benedetto. « C'était un moine singulier, illettré, originaire

---

1. Aut. anon. mentionné par Ulysse Chevalier sous le nom de Faccioli, Vita e virtu del B. Bartholomeo, p. 5.

de la vallée de Spolète ou de la province Romaine. Sa vie était simple, errante et pure, vivant pour lui seul, n'étant lié à aucun Ordre et n'aspirant qu'à plaire à Dieu. Comme un autre S. Jean-Baptiste, son extérieur était extraordinaire ; une longue barbe pendait sur sa poitrine, son corps était couvert d'une tunique de couleur sombre sur laquelle tranchaient deux énormes croix d'un rouge vif qu'il avait cousues sur sa poitrine et sur son dos. Il habitait les environs de Parme et venait prêcher sur le coup de midi. Le plus curieux était un petit instrument métallique qu'il portait sur lui et dont il tirait parfois des sons terribles, parfois une douce mélodie. De là vint sans doute le nom de *Cornetta* [1].

« Il passait ainsi, prêchant d'église en église, de place en place. Sa parole était à la fois éloquente et naïve. Une troupe d'enfants le suivait, portant des branches d'arbres et des cierges allumés. Salimbene, jeune encore, mais déjà curieux et observateur, vit cet étrange spectacle et entendit la parole de l'apôtre. Il débutait en langue vulgaire : « Loué et béni soit le nom du Père, alleluia.... », et les enfants répétaient religieusement les invoca-

---

1. Carl. Sutter, Giov. da Vic. e l'alleluia del 1233, p. 30.

tions. Puis il prêcha, dit de bonnes paroles, à
la louange de Dieu et termina son discours
par un ave maria, amplifié et commenté avec
une naïveté enfantine [1]. Salimbene rapporte
que bientôt, suivant l'impulsion donnée, toute
la foule se joignit à la procession. « C'était au
temps de l'alleluia, temps de paix et de quié-
tude. Au bruit des armes succéda la sérénité,
la joie, les délices, les extases, les louanges, la
jubilation. Les guerriers, les bourgeois, les
campagnards, les jeunes filles et les jeunes
gens, les vieillards, tous se mirent à chanter
les louanges divines. Cette dévotion s'étendit
à toutes les villes d'Italie. Et je vis, dans ma
cité de Parme, chaque commune suivre la procession avec son étendard, sur lequel devait
être représenté le martyre de son patron.
On prêchait le matin, à midi et à vêpres.
Les processions faisaient des stations dans les
églises et sur les places ; les fidèles, portant des
rameaux et des cierges allumés, élevaient leurs
mains vers Dieu, le louant et le bénissant. Ils
chantaient d'une voix plus divine qu'humaine
et ils ne pouvaient cesser tant ils étaient ivres
d'amour de Dieu. Bienheureux celui qui
pouvait faire davantage !..... Nulle passion,

---

1. Salimbene, Chronica, p. 32.

nulle colère, nul bruit, nulle rancune ; tout se faisait pacifiquement et bénignement entre eux : « Levemus corda nostra cum manibus ad Dominum in cœlo [1] ».

Salimbene nous apprend qu'à la tête de ce mouvement se trouvent les Frères Prêcheurs et Mineurs. Il nomme les prédicateurs des deux Ordres en commençant par les Dominicains. Parmi eux, il laisse l'honneur à ceux qui jouèrent incontestablement le premier rôle dans ce mouvement. Il s'arrête plus spécialement aux prédications de Jean de Vicence et de Jacobino da Reggio. Il nomme enfin Barthélemy de Vicence dont il trace cet éloge : « Habuerunt etiam Fratres Prædicatores apud Parmam tempore illius devotionis quod dictum fuit *alleluia*, Fratrem Bartholomæum de Vicentia, qui multa bona fecit, ut vidi occulis meis. Et fuit bonus homo, discretus et honestus. Et post multa tempora factus fuit episcopus terræ suæ et fecit ibi pulchrum locum Fratrum suorum qui prius ibi non habitabunt [1] ».

Les chroniques de Parme, après avoir décrit les élans de ferveur provoqués par les Frères Mendiants en cette année bénie, constatent ensuite l'influence prépondérante que s'était

---

1. Salimbene, Chronica, p. 32, 35.

acquise le B. Barthélemy. « On l'écoutait comme un ange descendu du ciel et l'église des Dominicains, ne pouvant contenir les foules enthousiastes et avides de sa parole, on vint lui offrir un lieu plus favorable appelé *Martorano,* près de Ste Marie-Nouvelle. »

Angeli raconte que « parmi les Religieux qui florissaient en sainteté à Parme, on voyait Fra Bartolomeo, dont le nom seul était en grande vénération. » L'amour des fidèles était touchant et répondait par une naïve reconnaissance aux miracles qu'il accomplissait en leur faveur. « Il se trouvait proche du lieu de leur nouvelle résidence, une fosse profonde qu'il était urgent de combler parce que ses eaux stagnantes se corrompaient et ses exhalaisons malsaines nuisaient à la santé des Frères. Or, ceux-ci entreprirent de la combler de leurs mains et comme ils étaient peu nombreux il en résultait une grande fatigue pour eux. Barthélemy, résidant alors à Parme, aidait ses Frères dans cette humble besogne. » Alors on vit un spectacle inoubliable, qui demeure une des pages les plus curieuses de la chronique de Parme et que tous les auteurs reproduisent à l'envie. « Considérant ce travail si pénible, toutes les classes de la société se donnent fraternellement rendez-vous auprès des

« *Pauvres du Christ* », ainsi qu'on les surnom-
mait. Tous, sénateurs, officiers, chevaliers,
nobles, seigneurs, soldats, marchands, artisans
avec leurs femmes et leurs enfants, depuis la
fière matrone jusqu'à l'humble servante, voyant
leur apôtre tant aimé, employer ses mains
miraculeuses à ce modeste travail, simplement à
leur tour, ils se mettent à son service. Ils le suivent partout, ne se lassant pas de porter de
la terre, celui-ci dans des vases, celui-là dans
ses mains, quelques-uns même dans leurs vêtements si bien qu'en peu de temps la fosse fut
comblée et le terrain égalisé. » Ce simple récit
d'Angeli dispense de commentaires et prouve
suffisamment la popularité de notre Bienheureux durant son séjour à Parme.

« Barthélemy de Brégance ne se contenta pas
de travailler à bannir les vices et le démon de
la discorde, selon l'expression de Touron, il
crut que, contre un mal qui renaissait tous les
jours, il fallait chercher un remède qui fut
aussi toujours subsistant. C'est dans cette vue
qu'il institua une Congrégation, ou nouvel
Ordre de Chevaliers [1]. »

La milice de Jésus-Christ, fondée par notre

---

1. Touron, Disc. de S. Dom., p. 510.

Bienheureux en 1233 présente de nombreuses analogies avec la Chevalerie proprement dite, laquelle, au dire d'Hermant, est aussi ancienne que le déluge [1]. Chez les Germains, elle n'était que la mise en action de l'antique « esto vir », mais plus tard le but s'élève, s'idéalise ; il s'agit alors d'élargir les frontières du royaume de Dieu : « Tout votre sang devez espandre, pour la Ste Église défendre » dit l'auteur de l'Ordène.

Mais quel est le but final de ces vies prêtes à s'immoler ? Il est résumé en deux mots de nos vieux poèmes. Il fallait « conquerre lit en Paradis ». Voilà l'idée naïve que ces rudes chrétiens se faisaient de la béatitude éternelle, idéal peu poétique, mais sincère : « Celui qui mourra aura son lit préparé avec les Innocents », dit l'évêque du Puy dans sa belle harrangue sous les murs d'Antioche. L'image de la couronne s'offre également à leur esprit : « Ceux qui mourront ici, auront là-haut couronne de fleurs ». Il est enfin un vers du Charroi de Nîmes qui résume en dix syllabes toute la vie du chevalier chrétien : « Tant fist en terre qu'es ciex est coronez » [2].

---

1. Hermant, Histoire des Religions ou Ordres Militaires.
2. Léon Gautier, La Chevalerie, p. 99.

La Chevalerie, fondée par le B. Barthélemy à Parme en 1233 est à la fois un Ordre militaire et monastique. « Elle diffère évidemment des milices de Gascogne et de Bologne (Gaudenti), mais il faut néanmoins constater qu'elles sont nées d'une même pensée, celle de mettre une force laïque, une Chevalerie au service de l'Église, mais elles sont indépendantes l'une de l'autre et aucune ne peut être confondue avec le Tiers Ordre, encore qu'elles eurent des attaches d'ordre moral avec les Frères Prêcheurs [1] ».

L'origine de ces milices est fort controversée. Quelques auteurs la font remonter au temps du séjour de S. Dominique dans le Languedoc, les autres la placent durant son séjour en Lombardie. Quoiqu'il en soit, il est certain qu'elle était composée de gens du monde, consacrés à la défense de l'Église. Leur habit se distinguait par les couleurs dominicaines. Sans être liés par les trois vœux, ils participaient autant que possible à la vie religieuse. Ils observaient les abstinences, les jeûnes et remplaçaient par un certain nombre de Pater noster et d'Ave Maria la récitation de l'office divin. Ils avaient un Prieur de leur choix

____

1. R. Père Mandonnet, Lettre , 30 juin 1904.

et s'assemblaient à des jours fixes dans une église des Frères Prêcheurs pour entendre la messe et le sermon [1].

Le B. Barthélemy organisa la même milice à Parme, prescrivit les mêmes observances relativement aux jeûnes, aux abstinences, à l'habit, à la récitation des heures canoniales, aux assemblées fraternelles. Les conditions exigées pour s'enrôler dans la milice étaient la bonne réputation, la prudence, la noblesse et la fortune. Plus tard on admettra les chrétiens de toutes conditions.

Considérant l'influence prépondérante des femmes chrétiennes à leur foyer, Barthélemy résolut, à l'exemple de S. Dominique, de s'en faire des auxiliaires et de les enrôler dans la milice. Elles s'engageaient au veuvage, en cas de décès de leurs maris, et à l'accroissement de leurs œuvres par leur influence et leur puissant concours. L'habit consistait en une tunique de laine blanche « ni luxueuse, ni étroite et tombant jusqu'aux pieds ». La chape était noire ou, du moins d'une étoffe « non teinte ». Elle se portait depuis la S. Michel jusqu'en mai, usage conforme aux règles canoniales. Les vêtements de dessous étaient blancs. Enfin les chaussures

---

1. Lacordaire, Vie de S. Dominique, p. 280.

ne devaient pas « être curieuses, ni à la mode séculière [1] ».

L'insigne particulier des Chevaliers était une croix qu'ils portaient sur la poitrine. Les sentiments diffèrent à ce sujet, « les uns leur donnent une croix de gueules à huit angles, orlée d'or et cantonnée de quatre étoiles, d'autres ajoutent à cette croix l'image de la Ste Vierge : quelques-uns prétendent qu'elle était plus longue que large et qu'elle avait seulement deux étoiles d'or aux deux angles, au-dessus du travers. Il y en a encore qui font mention d'une autre croix fleurdelisée par les bouts, au milieu de laquelle est le nom de Marie en chiffres, avec un cercle de rayons sous les fleurs de lis [2]. » Frederici en donne la description suivante, qui semble la plus probable : « Cum cruce rubea et duabus stellis similiter rubeis, utraque vero stella sit super utrumque brachium cruces una videlicet a dextero latere e alia a sinistro [3]. »

Le cérémonial qui accompagne l'investiture du Chevalier est d'un symbolisme profond. A

---

1. Frederici, Istoria de'Cavalieri Gaudenti, T. I, p. 100.
2. Héliot, Histoire des Ordres Religieux, T. IV, p. 457.
3. Frederici, Istoria de'Cavalieri Gaudenti, T. I, p. 104, 106.

la législation primitive, connue sous le nom d'*adoubement laïque*, avait succédé l'*adoubement liturgique*. Le code des constitutions de ces milices religieuses ressemble fort à l'Ordène. Il est probable que la veillée des armes, dans l'église, fut prescrite dès l'origine. Il n'était pas question alors de noviciat ; cette question fut tranchée par Urbain IV lorsqu'il approuva les règles définitives.

Dès l'aurore le futur Chevalier nous apparaît en prière dans l'église des Frères Prêcheurs. « Un Religieux de l'Ordre s'approche, bénit l'épée déposée sur l'autel et les habits du postulant, puis il entonne le Veni Creator. La messe est célébrée ensuite avec trois oraisons, puis on fait l'oblation du Chevalier. Il offre un cierge, dont la lueur signifie la foi. Puis il reçoit la sainte Communion. Lá cérémonie est jusqu'ici semblable pour les femmes. L'officiant lui remettait ensuite les insignes de l'Ordre, le casque, symbole de la modestie, la cuirasse qui représentait la droiture, opposée à la trahison et le bouclier ou écu, image de la paix (de forme ronde inclinant à l'ovale). Les gants, en cuir ou en laine, signifiaient les fatigues, endurées avec virilité pour le service de l'Église, la ceinture (en peau d'agneau non travaillée symbolisait la chasteté. La selle était de couleur blanche. Les freins des chevaux, et les éperons devaient être en fer sans ornements d'or ni d'argent et figuraient les vertus militaires et chrétiennes, courage, générosité, patience, fuite des plaisirs, mépris de l'or, pureté de conscience, mortification. L'épée et le poignard représentaient la sollicitude des Chevaliers pour la défense de l'Église, et le bâton ou verge, en bois et sans ornements, signifiait le droit chemin dont ils ne devaient jamais dévier 1. »

L'abbé Giustiniani ajoute un bonnet surmonté de plumes, des petites manches aux bras et une fraise de toile fine au cou. Ce dernier ornement, symbole de l'obéissance, est d'institution plus récente et ne doit être mentionné que sous cette réserve. Les Chevaliers devaient posséder ces insignes intégralement sous peine de dix sous d'amende. En cas d'indignité, le coupable subissait la dégradation. Conduit en procession, au lieu désigné à cet effet, il entendait la sentence du grand Maître, le déclarant rebelle et rejeté de l'Ordre. On lui arrachait ses armures et ses armes et on les foulait aux pieds, on renversait la tête en bas l'écu du Chevalier, en effaçant son

---

1. Frederici, T. I, p. 106.

blason. Enfin, il subissait ce qui était alors envisagé comme la pire des ignominies ; dépouillé publiquement des habits de l'Ordre, on le revêtait de ses vêtements séculiers [1].

Ces dégradations présentent peu d'exemples et il faut constater ici qu'une mort héroïque couronnait le plus souvent ces vies austères et dévouées.

Telle est, en quelques lignes, l'institution fondée ou du moins élaborée par le B. Barthélemy. Plusieurs bulles pontificales, datant de la même époque confirment et encouragent l'œuvre naissante. Deux d'entre elles sont adressées aux Frères de la milice, les mettant sous la protection du S. Siège et leur concédant, ainsi qu'à leurs serviteurs, de nombreux privilèges, indulgences, exemptions. L'une est adressée aux Chevaliers résidant à Parme : « *Fratribus militiæ J. C. Parmensibus* », l'autre aux Chevaliers, vivant individuellement et dispersés en Italie : « *Fratribus militiæ J. C. per Italiam constitutis* ». L'évêque de Parme reçoit également la bulle : « *Quos pietate* », lui recommandant de veiller sur cette partie choisie de son troupeau, de lui éviter les guerres injustes, les serments illici-

---

1. Frederici, T. II, p. 134.

tes, incompatibles avec sa sainte vocation. Enfin, Maître Jourdain est instamment prié par le Souverain Pontife, « de faire instruire les Chevaliers de Parme de la discipline sacrée afin d'accroître le nombre de leurs prosélytes sur la terre et celui des bienheureux au ciel [1]».

Une dernière bulle : « *Devotionis vestræ* » réglait les observances des Frères relativement aux sacrements et mettait la milice sous la dépendance diocésaine, bien que soumise au grand Maître et à la direction spirituelle des Frères Prêcheurs. L'Institution n'était pas encore considérée comme un Ordre canoniquement établi, mais comme une milice et une fraternité. Salimbene a soin de la distinguer de celle qui reçut quelques années plus tard le nom de Chevalerie de la glorieuse Vierge Marie ou des Frères Joyeux. La première fondée par Barthélemy surnommée la *milice des chevaliers du Christ, dura,* dit-il, *beaucoup d'années...* « *postea defecerunt quia principium eorum et finem vidit, et pauci Ordinem eorum sunt ingressi* [2].

Telle fut l'œuvre du B. Barthélemy que nous verrons transformée et canoniquement

----

1. Frederici, T. II, p. 13.
2. Salimbene, Chronica, p. 241.

Chevalier de l'Ordre de la Glorieuse Vierge
Marie

établie sur de nouvelles bases en 1261. Constatons, en terminant ce chapitre que notre saint conçut, d'après le plan de S. Dominique, un noble projet, celui de transformer ces farouches seigneurs, ces guerriers indomptables, en des athlètes de la foi et, malgré un inévitable relâchement, son rêve a été réalisé et il a pleinement réussi à en faire des âmes austères, fières et pures.

CHAPITRE III

Barthélemy de Brégance était parvenu, en
1235, à l'âge de la maturité, du plein épanouis-
sement des puissances physiques et intellec-
tuelles. Maintenues dans un parfait équilibre,
ses vertus morales s'accroissaient chaque jour.
On voyait le fervent Religieux s'élever à la fois
par des ascensions successives jusqu'au ravis-
sement de l'âme en Dieu et s'abandonner par
un dévouement eflectif au très doux penchant
de son cœur. Le bruit de sa sainteté précoce
se répandit rapidement en Italie et Grégoire
IX, qui fut jadis l'ami si tendre de S. Dominique, s'en émut et voulant connaître le jeune
thaumaturge, il lui ordonna de venir à Rome.
Sacrifiant ses œuvres et son apostolat, Barthélemy prend aussitôt congé de ses Frères, leur
laissant la joie de recueillir les fruits de ses
labeurs et, sans délai, il se rend où l'obéissance

l'appelle. Aucun biographe ne rapporte les détails de cette entrevue avec le Souverain Pontife, mais il est certain qu'elle fut favorable puisqu'il le jugea digne de succéder à S. Dominique dans la charge de Maître du Sacré Palais. Quelques auteurs émettent l'opinion qu'il en fut le successeur immédiat, « mais ils ne font point attention, ainsi que l'observe Touron, que lors de la mort du saint Patriarche, sous Honorius III, Barthélemy n'était âgé que de 20 à 21 ans. Aussi n'exerça-t-il cet office que sous Grégoire IX, vers 1235 [1] ».

L'origine de cette charge remonte à S. Dominique : « Celui-ci, dit Touron, voyant les familiers de la cour pontificale se dispenser volontiers d'entendre les vérités qu'il prêchait au peuple, conseilla au Saint Père de créer un officier dont l'emploi serait d'expliquer l'Écriture Sainte et de faire des instructions à tous ceux qui se rendraient à sa cour. L'avis fut reçu avec applaudissement et sa Sainteté jugea que celui qui l'avait donné était le plus capable de le bien remplir [2]. Cette charge fut érigée en un office perpétuel dont le titulaire devait s'appeler *Maître du Sacré Palais*. Le temps en

---

1. Touron, Disc. de S. Dominique, p. 544.
2. Touron, Vie de S. Dominique, L. II, p. 197.

a beaucoup accru les droits et les devoirs. De prédicateur et de docteur, tenant au Vatican une école spirituelle, il est devenu le théologien du Pape, le censeur universel des livres qui s'impriment ou s'introduisent à Rome, le seul qui ait puissance d'élever au doctorat dans l'Université romaine, l'électeur de ceux qui prêchent devant le saint Père dans les solennités, fonctions relevées encore par un grand nombre de privilèges honorables et dont l'héritage s'est justement et inviolablement transmis d'un fils de S. Dominique à un autre de ses fils [1] ».

Vers la même époque le B. Barthélemy fut élevé à la fonction de Chapelain et de Pénitencier du Pape, fonctions qu'il cumula jusqu'au jour de sa promotion à l'épiscopat, ainsi que l'attestent les bulles pontificales adressées en 1252 au clergé et aux fidèles de Chypre. L'office de Chapelain revêtait alors une grande importance. *Le « Cappellanus domini Papæ* était un jurisconsulte, appelé à délibérer avec le Pape sur toutes les questions de droit qui ressortissaient à la chancellerie apostolique, soit qu'il s'agit des bénéfices ecclésiastiques, des appels au S. Siège, des litiges entre séculiers et réguliers ou même d'affaires civiles dévolues au Pape

---

1. Lacordaire, Vie de S. Dominique, p. 159.

4.

par la confiance des princes. Comme ces sortes d'affaires se traitaient devant le Souverain Pontife, en dehors du consistoire, dans sa chapelle, ceux qui étaient conviés par son choix à émettre leur avis, recevaient le nom de *Cappellani,* les chapelains [1] ».

« De même, à Rome où affluaient les pèlerins de l'univers entier, pour confesser leurs fautes et obtenir un pardon suprême à des crimes souvent horribles, la charge de Pénitencier avait une importance exceptionnelle. Les plus grands coupables venaient au tombeau de S. Pierre comme à la source même de toute miséricorde. Il fallait donc, près de ce tombeau, des hommes choisis, capables d'examiner et de juger les consciences les plus ténébreuses. On les appelait les *Pénitenciers du Pape,* car ils agissaient en son nom, munis des pleins pouvoirs qu'il leur déléguait. Au-dessus d'eux était le grand Pénitencier, celui-ci surveillait et dirigeait leur ministère, auquel en certain cas, il fallait recourir pour avoir l'absolution [2] ».

Barthélemy, devenu par sa haute situation un puissant auxiliaire de la papauté, en par-

---

1. R. P. Mortier, Histoire des Maîtres Généraux de l'Ordre des Fr. Prêch. T. I, p. 275.
2. Ibid. p. 276.

tage dès lors les gloires et les périls. D'un œil calme, il envisage les importantes évolutions opérées au sein de l'Église et le douloureux conflit entre le sacerdoce et l'empire. Loin de dissiper les énergies du B. Barthélemy, toutes les luttes le trouvent debout. Mais on conçoit quels épuisants efforts il dut faire pour conserver cette force sans défaillance et maintenir son âme, au milieu du tumulte des affaires, sur les hautes régions de la vie contemplative. Son titre de Maître du Sacré-Palais lui imposait de graves devoirs. N'était-ce pas à lui qu'était réservé le soin très doux de soutenir le vieux Pontife dans ses épreuves ? Comme théologien, n'était-ce pas à lui qu'incombait la fonction d'illuminer, de résoudre les questions dogmatiques les plus complexes ? N'allait-il pas bientôt siéger dans une assemblée conciliaire ?

Les événements se précipitaient en Italie et le célèbre débat entre Frédéric II et le saint Siège prenait un caractère d'acuité vraiment alarmant. On en connaît les origines. Élevé par deux cardinaux, sous la tutelle du Souverain Pontife, l'héritier de la maison de Souabe avait d'abord accepté le rôle officiel de protecteur de l'Église. Devenu en 1218, légitime possesseur de la couronne d'Allemagne, grâce à l'influence d'Honorius III, il fit vœu d'aller en Terre Sainte. Mais bientôt on le vit s'insurger contre son bienfaiteur et, abusant du grand âge de son ancien précepteur, chercher à se libérer de sa promesse. Pour la première fois, il manifesta un scepticisme, dissimulé sous une feinte orthodoxie et une politique dénuée de toute loyauté.

Les Papes usèrent d'abord d'indulgence, mais devant les preuves multipliées de la mauvaise foi de Frédéric II, Grégoire IX dut enfin sévir et le frapper des censures ecclésiastiques. Le monarque allemand n'en tint aucun compte et, au scandale qu'il donna en les méprisant, il ajouta celui de combattre sous la bannière de la foi malgré l'anathème.

Il s'embarqua en 1228 et parvint à Jérusalem où il entra, au prix d'une indigne transaction avec les infidèles. Pénétrant ensuite dans la cathédrale avec ses barons, il la trouva déserte et tendue de voiles de deuil. Joignant alors l'audace à l'impiété, en l'absence du patriarche de Jérusalem, il saisit la couronne royale et se l'imposa lui-même. Pendant ce temps, maître Gauthier d'Angleterre, qui tenait du Seigneur Pape l'office de la prédication de l'armée des croisées, célébra les saints mystères dans une église des faubourgs. Outré du vide qu'on faisait autour de lui, l'empereur fit violemment arracher de leurs chaires les Frères Prêcheurs les fit maltraiter et mettre en prison (*Math. Paris*).

Après avoir, en toute hâte, conclu dix années de trève avec le sultan d'Égypte, Frédéric II revint en Italie, fier de ses exploits. Quelques semaines lui suffirent pour changer la face des événements en Italie et pour ramener à l'obéissance tous ceux qui avaient secoué le joug. Vicence, demeurée fidèle à la cause de l'Église fut dévastée et livrée au pillage.

Est-ce à la prière du Pape réfugié à Pérouse, que Jourdain de Saxe vint trouver l'empereur au milieu du tumulte des camps et des armées victorieuses ? Ne peut-on lui attribuer le changement qui survint dans les idées politiques de l'empereur [1] ? Toujours est-il que Frédéric envoya offrir la paix au Souverain Pontife, l'assurant que ses propositions étaient agréées et ne devaient pas tarder à être sanctionnées [2].

Cet apaisement ne fut pas de longue durée, et devant la mauvaise foi, la cruauté et la con-

---

1. Bernard, Les Dominicains dans l'Université de Paris, p. 403.
2. Fleury, Hist. Ecclés. T. XVI, p. 79, 59.

duite scandaleuse de l'empereur, Grégoire IX prononça contre lui, en 1239, en plein consistoire, une nouvelle sentence d'excommunication, l'accusant « d'avoir opprimé les Ordres Mendiants, dépouillé les menses épiscopales, suscité dans la ville sainte des rébellions contre lui..., etc. [1] ». En effet, plusieurs villes de l'Ombrie s'étaient déclarées pour Frédéric II ; les Romains eux-mêmes paraissaient prêts à embrasser le parti impérial et leurs clameurs annonçaient à Grégoire IX le danger qu'il courait. Le saint Père, se faisant précéder du bois de la vraie Croix et d'autres reliques, sortit en grande pompe de son palais, accompagné de tous les cardinaux ; il transporta ces reliques sacrées à la basilique du Vatican, bénissant la foule, l'invitant à prendre les armes pour la défense de l'Église. Cette procession imposante traversa Rome et partout où elle parut, elle apaisa les mouvements séditieux des Gibelins et réchauffa l'enthousiasme du peuple [2]. Les moines de S. Dominique et de S. François se répandirent alors dans les églises et prêchèrent la croisade contre Frédéric II, si bien

1. Raynaldi, Annal. Eccl. an. 1239.
2. Sismondi, Hist. des Républiques Italiennes au moyen âge, T. III, p. 38.

que ce prince, voyant qu'il n'y avait plus d'espérance de s'emparer de Rome, se retira dans la Prouille; mais il ressentit une si vive colère de ce qu'on arborait la croix contre lui qu'il condamna au dernier supplice tous ceux qui furent arrêtés avec ce signe d'obéissance à l'Église [1].

Grégoire IX résolut d'assembler un concile à S. Jean de Latran, pour le jour de Pâques de l'année suivante et, dès le milieu d'août, il envoya des lettres de convocation à tous les évêques de France. Frédéric donna aussitôt ordre à tous ses partisans de mettre obstacle au voyage des prélats. Ceux-ci se rendirent à Nice. Gênes qui embrassait avec ardeur le parti du S. Siège, les envoya chercher sur ses galères. En vain les Pisans, menacés par l'empereur, tentèrent-ils de l'en détourner, Gênes répondit fièrement que la République défendrait la liberté de l'Église de toutes ses forces et qu'aucune menace ne la ferait renoncer à la protection promise aux prélats chrétiens [2]. Jacques Malocello fut chargé de con-

---

1. Sismondi, Histoire des Républiques Italiennes au moyen âge, T. III, p. 39.

2. Sismondi, Hist. des Rép. Ital. au moyen âge, T. III, p. 42.

duire à Ostie le précieux convoi, mais les galères de Frédéric unies à celles de Pise, enveloppèrent la flotte Gênoise, encombrée de ses vénérables passagers, entre la Meloria et l'île du Giglio. Le combat fut long et acharné. De vingt-sept galères Gênoises, les Gibelins en coulèrent trois à fond et en prirent dix-neuf ; quatre mille Gênois furent faits prisonniers et conduits en Sicile. Les cardinaux et les évêques furent enfermés dans le chapitre de la cathédrale et chargés de chaînes d'argent. Enfin, un trésor immense fut transporté dans la même ville et c'est avec un boisseau qu'on partagea l'argent acquis par la victoire [1].

Gênes se montra grande dans l'adversité, ainsi que le prouve sa lettre, adressée au Pape le lendemain du désastre. L'attitude de Grégoire IX fut empreinte d'une noble fierté, mais son âge avancé ne lui permit pas de survivre à de si cruelles épreuves et il mourut trois mois après sa défaite.

Que devint le B. Barthélemy durant ces événements ? Nul ne peut douter qu'il n'ait entouré le vieux Pontife de sa filiale sollicitude, mais lorsque celui-ci eut rendu le dernier soupir, fut-il maintenu dans son office par le

---

1. Raynaldi, Annal. Eccl. an 1241.

Sacré Collège ? Rentra-t-il dans son cloître et peut-on placer à cette époque un des priorats mentionnés par les auteurs de l'Ordre ? Que devint notre Saint, pendant le long interrègne du S. Siège, à peine interrompu par le pontificat de Célestin IV ? Ces questions demeurent fort obscures et le B. Barthélemy ne reparaît dans l'histoire qu'en 1243, lors de l'élection de Sinibald Fieschi. Un des premiers soins du nouveau Pontife fut de le confirmer dans ses charges. Désormais, il nous faudra donc le suivre parmi toutes les péripéties de l'existence si mouvementée d'Innocent IV. Sa situation devenait d'autant plus délicate que celui-ci ne revêtait nullement à ses yeux le caractère paternel de son prédécesseur. Impérieux, tenace, il se montra habile diplomate, mais peu fidèle dans ses affections, s'il faut en juger par le coupable abandon dans lequel il laissa les Frères Prêcheurs à sa dernière heure.

Le B. Barthélemy se vit donc encore une fois comblé d'honneurs, mais loin de se laisser éblouir par leur troublant éclat, il envisagea de sang froid toutes les éventualités de sa haute situation à la cour pontificale et parvint encore à maintenir son esprit et son cœur dans les clartés sereines de la Foi.

Innocent IV, en politique profond et avisé,

négocia d'abord avec Frédéric II et montra un sincère désir de la paix. L'empereur, au contraire, tout en manifestant une apparente bonne volonté, cherchait en secret à le surprendre. Le Pape en fut instruit et nous avons vu dans la vie du B. Jacques de Voragine quelle activité prodigieuse il déploya en cette heure tragique, sa fuite, sa dangereuse traversée et enfin son entrée triomphale à Gênes le 7 juillet 1244.

Innocent IV hésitait sur le lieu qui convenait le mieux à son exil et à la tenue d'un concile. Il sollicita de Louis IX une résidence dans son royaume, dit Mathieu Paris : « au chapitre de Cîteaux, en septembre 1244, le roi venait de s'asseoir, quand les abbés et les moines s'agenouillant et joignant les mains, le supplièrent de se montrer favorables à la demande du Souverain Pontife. Louis IX ne répondit pas alors d'une manière absolue, afin de consulter ses barons. » L'annaliste anglais, dont on connaît l'antipathie pour la noblesse française ajoute que ceux-ci s'y opposèrent formellement. Innocent IV renonça donc à son projet et fixa sa résidence à Lyon où il parvint le 2 décembre 1244.

Le nom de Barthélemy de Brégance n'est pas mentionné parmi la fidèle escorte qui accompagna le Pape durant ce périlleux voyage. Peut-être fit-il partie des moines ambassadeurs qui sollicitèrent saint Louis au chapitre de Cîteaux, mais cette opinion ne se base sur aucun document sérieux. Il semble plus vraisemblable de supposer qu'il s'achemina vers Lyon, en compagnie de quelques Religieux de son Ordre appelés, comme lui, à siéger au concile œcuménique convoqué en cette ville.

Barthélemy de Brégance figure, dans cette vénérable assemblée avec le double titre de Maître du Sacré Palais et de Théologien du Pape. C'est en raison de cette place éminente qu'il occupa au concile qu'on ne peut se dispenser d'en rapporter l'événement capital, la déposition de Frédéric II. Quelques auteurs, désireux sans doute de l'exalter, assurent qu'il se fit remarquer « par sa profonde doctrine et sa rare érudition ». Cette opinion ne repose sur aucune attestation précise et il semble plus conforme à la vérité de dire qu'il exerça peu d'influence sur les décisions du concile, puisque ses attributions concernaient exclusivement la théologie et la morale. Son caractère doux et conciliant fait supposer qu'il garda une excessive réserve et qu'il n'usa de son influence auprès du Pape que pour lui rappeler les lois de la miséricorde et du pardon.

Le concile s'ouvrit le 28 juin au couvent de S. Just. Le Pape fit au Sénat de l'Église l'énumération des malheurs auxquels la chrétienté se trouvait exposée [1]. Il en rejeta toute la responsabilité sur Frédéric II qu'il accusa de parjure, d'hérésie, d'impiété et d'une entente coupable avec les Sarrasins.

« Deux députés de l'empereur, Pierre des Vignes et Taddeo de Suessa assistaient au concile. Le premier, sentant peut-être la mauvaise cause qu'il avait à défendre garda un silence obstiné. Mais Taddeo déclara que ce prince n'attendait que sa réconciliation avec l'Église, pour se dévouer à la défense de la foi. Lorsqu'Innocent IV lui demanda quels garants il pourrait donner pour des promesses aussi brillantes, il répondit : « les plus puissants de la chrétienté, savoir, le roi d'Angleterre et le roi de France ». « Nous n'avons garde, dit Innocent de recevoir pour garants les amis de l'Église, contre lesquels elle devrait sévir, si votre maître, selon l'usage, venait à fausser ses serments ». Taddeo se tut d'un air attristé. Un délai fut demandé pour donner à l'empereur

---

1. Sismondi, p. 58.

le temps de venir se justifier : « A Dieu ne plaise, s'écria le Souverain Pontife, je connais les pièges que j'ai eu tant de peine à éviter ; s'il venait je me retirerais aussitôt, car je ne me sens pas encore préparé au martyre ni à la prison ».

Toutefois le délai fut obtenu, mais Frédéric II jugea plus prudent de ne pas se présenter et il ordonna à ses ambassadeurs d'en appeler à un concile plus solennel et plus complet. Cette protestation fut repoussée et le délai étant expiré, le Pape fit promulguer à haute voix la sentence d'excommunication. Elle inspira, au dire de Mathieu Paris, qui nous fait ce récit, une terreur profonde aux assistants, comme l'aurait fait l'éclat de la foudre. Taddeo et les autres procurateurs impériaux poussèrent de tristes gémissements et se frappant les uns à la cuisse, les autres à la poitrine, ils eurent peine à retenir un torrent de larmes. Alors le susdit Taddeo s'écria : « O jour funeste, jour de courroux, de calamités et de misères [1] ».

« Ensuite le Seigneur Pape et les Prélats séants au concile fulminèrent une terrible sentence à la lueur des cierges contre le dit

---

1. Mathieu Paris, Hist. angliæ (traduit par Huillard, Bréholles, T. VI, p. 101.

empereur, dont les procurateurs se retirèrent couverts de confusion [1]. Les Pères du concile renversèrent leurs cierges, la tête en bas afin de les éteindre. Puis, après avoir fait plusieurs décrets importants, ils apposèrent leurs sceaux à la sentence rendue contre Frédéric et chacun s'en retourna chez soi avec la bénédiction du Seigneur Pape ».

Après le concile, Innocent IV se rendit à Cluny. Le roi de France s'y trouva avec la reine Blanche et avec sa sœur Isabelle. Ces conférences sont d'un intérêt capital dans la vie du B. Barthélemy parce qu'il dût faire partie de la suite du Souverain Pontife. Ses relations d'amitié avec S. Louis datent certainement de cette époque. Durant sept jours le roi, la reine Blanche et le Pape s'entretinrent dans le plus grand secret d'affaires fort importantes, sans doute de la croisade, projetée par la France et du rétablissement de la paix entre Frédéric II et le S. Siège. Enfin on traita la question du mariage du prince Charles avec Béatrix de Provence et celui de Conrad avec Isabelle. L'empereur souhaitait passionnément cette union de son fils avec la

---

1. Mathieu Paris, Hist. angliæ (trad. par Huill. Bréh., T. VI, p. 130).

sœur du roi de France, dans la pensée que ce mariage rétablirait ses affaires. Louis IX ne le désirait pas moins, mais la seule Isabelle n'en voulut point entendre, disant qu'elle avait des idées plus hautes, qu'une vierge consacrée est bien au-dessus d'une impératrice [1].

Pendant que ces conférences avaient lieu à Cluny, Frédéric II, averti de sa dégradation entra dans une violente colère et faisant ouvrir ses cassettes, il prit une de ses couronnes qu'il fixa sur sa tête : « Je ne tiens, dit-il, ma couronne que de Dieu et le diable ne me l'arrachera pas [2] ». Son indignation se calma vers 1247 et il tenta de se réconcilier avec le Souverain Pontife. Celui-ci, faisant droit à sa demande, lui répond qu'il a seul « le pouvoir d'examiner sa conscience et qu'il est prêt à l'entendre si le royal pénitent se rend en personne à sa cour ». L'empereur feignit de se soumettre à cette humiliation, mais au lieu de venir, selon les conventions, dans un appareil pacifique, il résolut de surprendre Lyon avec une formidable armée. Louis IX s'en émut et, sortant de sa neutralité, il fit informer le Pape qu'il était prêt à marcher en personne, avec

---

1. De Choisy, Hist. de l'Église, T. VI, p. 342.
2. Mathieu Paris, p. 130.

sa mère et ses frères à la défense de l'Église.

Innocent IV le remercia et le pria d'attendre. Il connaissait assez son adversaire pour savoir que cette menace seule suffirait à l'éloigner. En effet, Frédéric II était à Turin, prêt à exécuter son projet lorsqu'il apprit l'intervention de Louis IX et la défection de Parme. Il était de la plus haute importance pour lui de recouvrer cette ville, afin de maintenir une communication entre toutes celles qui lui étaient dévouées, depuis le pied des Alpes jusqu'à son royaume de Prouille[1]. Revenant donc sur ses pas, il résolut d'en faire le siège. L'hiver approchait et pour ne pas s'éloigner de la cité rebelle, il bâtit une ville nouvelle appelée Vittoria, par anticipation de ses futurs triomphes. La Providence déjoua ses projets. Le 18 février 1248, profitant de l'absence de l'empereur qui s'était éloigné pour chasser avec ses faucons, les Parmesans tentent une sortie héroïque, s'emparent de Vittoria et la détruisent entièrement. Le fier souverain ne put, à son retour, que constater un effroyable désastre et trouva la ville, bâtie par son orgueil, réduite en cendres. Les vainqueurs, humbles dans leur triomphe écrivirent à leurs confé-

---

1. Sismondi, T. III, p. 83.

dérés ces grandes paroles : « A Dieu seul appartient honneur et gloire ».

Barthélemy de Brégance résida à la cour pontificale jusqu'à sa promotion à l'épiscopat. Quelques auteurs rapportent qu'il fut élevé, vers cette époque, à l'office de confesseur de S. Louis. Touron est le plus affirmatif à cet égard : « Le roi de France, dit-il, ayant connu le mérite de cet homme illustre, soit par sa réputation, soit à l'occasion de quelque commission dont le Pape l'avait peut-être chargé auprès de sa majesté, il voulut l'avoir pour confesseur [1] ». Ce fait demeure le sujet de nombreuses controverses de la part des historiens les plus compétents. Quelques-uns d'entre eux le considèrent comme fabuleux et purement légendaire.

Le séjour du B. Barthélemy à Lyon marque le début de ses compositions d'exégèse et d'histoire. Il est probable qu'il mit à profit les loisirs que lui laissaient ses occupations à la cour pontificale pour rédiger ses commentaires sur la Ste Écriture, sur les livres de S. Denis, ainsi que divers autres traités conservés dans les archives de la Ste Couronne. Peut-être faut-il

---

1. Touron, Disc. de S. Dom., p. 111.

5.

faire remonter à cette époque la compilation de la vie des saints, qui servit de base à la légende dorée du B. Jacques de Voragine. Mais, au milieu de ces graves et multiples travaux, notre Saint n'oubliait pas l'objet de ses premières tendresses. Il regrettait amèrement son cloître. Parvenu au faîte des honneurs à la cour pontificale, le fervent Religieux soupirait après les abaissements de la vie monastique et désirait en vain cet affranchissement de l'esprit dont il avait joui à l'aube de son sacerdoce. Bien qu'entouré à Lyon des membres les plus éminents de son Ordre, il se reportait par la pensée au couvent de Parme, qui demeurait entre tous l'objet de sa prédilection. N'était-ce pas dans cette église et à l'ombre de ce cloître qu'il avait donné les prémices de sa parole et d'un apostolat, visiblement béni et fécondé par des miracles ? Aussi, eût-il à cœur d'obtenir des faveurs spéciales pour les fidèles qui contribueraient à l'achèvement de cet édifice. Sa prière fut exaucée. Innocent IV lui accorda largement les indulgences souhaitées, ainsi que l'attestent deux bulles datées du 21 janvier 1245 et du 26 novembre 1248.

A quelle époque faut-il placer l'élection du B. Barthélemy au siège épiscopal de Limassol ?

Cette question est l'une des plus controversée de sa vie et la plus difficile à résoudre parce qu'elle se base sur deux textes irréfutables et pourtant contradictoires ; d'une part l'attestation de notre Saint lui-même, de l'autre les bulles pontificales. En effet, Barthélemy nous apprend que « le vicaire de J.-C. lui conféra cet évêché à l'époque où le roi de France entreprit le voyage d'Orient pour le recouvrement de la Terre Sainte », c'est-à-dire en 1248. « Il est très probable, dit Touron, que le nouvel évêque eut l'honneur d'accompagner le saint monarque jusqu'à l'île de Chypre [1] ». Le fait est au moins vraisemblable et l'on peut supposer que S. Louis, désirant le rapprocher de lui, durant son expédition en Terre Sainte, obtint sa nomination à Chypre, afin de bénéficier de son voisinage. Le fait est encore appuyé par le savant auteur de l'Oriens Christianus : « Renuntiatus fuit Bartholomæus de Bregantia episcopus Nemosensis, non anno 1246, aut 1250, ut variis placuit auctoribus, sed anno 1248 [2] ».

D'autre part les quatre bulles d'intronisation sont datées du mois de février 1252. Elles

---

1. Touron, Disc. de S. Dom., p. 511.
2. Lequien Michele, Oriens Christianus, T. III.

sont adressées au roi, au clergé, aux fidèles et aux nobles du royaume de Chypre. « Étant réservé à nous, dit le Pape, le droit de pourvoir à l'Église de Nimosie (Limassol), qui se trouve vacante et voulant lui donner une personne, riche en mérites, agréable à Dieu et aux hommes, puissante en œuvres et en paroles, semblable à une étoile lumineuse qui puisse répandre sur ses sujets les rayons de la divine parole, nous avons choisi pour devenir votre évêque, notre vénérable Frère Barthélemy, de l'Ordre des Prêcheurs, qui est notre Chapelain, notre Pénitencier et le régent de notre curie de la faculté de Théologie, homme vraiment célèbre par sa réputation, orné d'une science profonde, resplendissant dans ses mœurs et par sa droiture, excellent par la maturité de ses conseils... ».

En présence de ces graves divergences au point de vue chronologique, il est difficile de préciser l'époque où notre Bienheureux prit possession de son siège. Cependant la plupart des auteurs s'accordent à reconnaître qu'au mois de mai 1249, lorsque S. Louis partit de Chypre pour se rendre en Égypte, il résidait depuis quelques mois à Limassol.

Barthélemy avait accepté sans enthousiasme le fardeau de l'épiscopat. Il rapporte son élection avec une parfaite indifférence. Il obéit sans murmurer, préférant peut-être l'exil aux splendeurs de la cour pontificale. Ses répugnances instinctives pour les honneurs datent de loin puisque dès l'enfance, il dédaigna l'opulence et la noblesse de ses ancêtres. Mais il prend plaisir à affirmer ses convictions et dans un sermon sur la Ste Vierge, il condamne avec une indignation sincère ces prêtres qui présument assez d'eux-mêmes pour ambitionner l'épiscopat. Il les compare d'abord à Lucifer, puis mêlant à son dédain pour ces âmes terrestres une douce raillerie, il leur donne le nom « d'Episcopari et Cardinalari ». Toutefois devant l'ordre formel du Souverain Pontife, le B. Barthélemy n'hésita pas à sacrifier ses goûts personnels. Il se soumit avec cet absolu et naïf abandon à la Providence, qui est un des traits saillants de sa sainteté.

C'est donc à Limassol, en Chypre, que nous suivrons le B. Barthélemy. Malgré les lacunes et les obscurités qui règnent sur cette période de sa vie il nous apparaîtra cependant dans toute sa grandeur, réalisant à la fois le type parfait de l'évêque et l'idéal du moine dominicain.

CHAPITRE IV

Chypre, que les Orientaux appellent « la perle de la Méditerranée » était surnommée dans l'antiquité « l'île aux Cornes », à cause de sa forme irrégulière, échancrée sur les bords. Célèbre au temps des Grecs par ses richesses, son opulence amena sa perte. « Chypre, fameuse par ses trésors tenta la pauvreté du peuple romain, écrit Festus. Telle fut la pénurie de Rome et telle la réputation de Chypre qu'une loi ordonna la confiscation de cette île. Caton emporta les biens des Chypriotes [1] ». Plus tard, quand le roi Richard s'en empara, il y trouva une telle quantité de bijoux, de pierreries et d'or, qu'il ne put les comparer qu'aux trésors de Crésus.

---

1. Gaudry, Géologie de Chypre, p. 239.

Cette opulence consistait principalement dans les pierres dures, auxquelles les anciens attachaient tant de prix. « Parmi les émeraudes, dit Pline, la primauté appartient à Chypre. Son mérite consiste dans son aspect d'eau épaissie qui imite la translucidité des eaux de la mer ». Les lacs salés formaient aussi une des richesses de l'île. « Sans aucun travail, ils se dessèchent en été, l'eau s'évapore, les bassins se transforment en des champs de sel qui simulent la neige. D'après Dioscoride, c'était le meilleur sel connu dans l'antiquité. En 1791, les Vénitiens en chargeaient encore 70 gros vaisseaux. Le rapport actuel peut être évalué à 75.000 fr. [1]. »

Chypre est formée d'une plaine comprise entre deux chaînes de montagnes, au nord les monts Cérines, au sud l'imposant massif du mont Olympe (Troodos) auquel se rattache de pieuses légendes. Un vieil auteur raconte « que Ste Hélène, à son retour de Jérusalem, s'étant retirée sur ladite montagne, s'endormit un jour la tête sur la croix de N. S. qu'elle ne quittait jamais. Il arriva cependant que la dite croix fut transportée en haut de ce mont et

---

1. Gaudry, Géologie de Chypre, p. 272.

ʝue la sainte s'esveillant et ne trouvant plus cette précieuse relique, entra en une merveilleuse tristesse. Qu'enfin, cherchant partout, elle vint sur la dite montagne et retrouva ce qu'elle aimait tant et jugeant par cet accident ʝue N. S. voulait être adoré en ce lieu là, elle y fit bâtir une église et y laissa une pièce de la vraie croix [1] ».

Le Père Etienne de Lusignan rapporte une naïve tradition dont le B. Barthélemy fut sans doute le témoin : « Hors l'église de S. Michel, sur la cîme du mont Olympe, est une grande pierre presque verte sur laquelle les villageois de cette île assurent que l'arche de Noé s'est premièrement arrêtée. Quand ils voient qu'un long temps s'est passé sans pleuvoir, alors tous les villages et hameaux voisins s'assemblent avec leurs prêtres, vont en procession sur ce mont avec la croix, l'image de la glorieuse Vierge Marie, jusqu'à l'église S. Michel, et après la messe, ils reversent cette pierre avec certains bois, laquelle six ou huit hommes lèvent en l'air et la portent comme une châsse, faisant la procession trois ou quatre fois à l'entour du lieu où est cette pierre, puis après, la remet-

---

1. Beauveau, Relation journalier du voyage au Levant, p. 91.

tent en place en disant qu'incontinent la pluie descend en grande abondance [1] ».

Enfin, il est un lieu qu'il n'est pas permis de négliger, si l'on veut étudier la vie du B. Barthélemy, c'est une vigne nommée Engaddi. Commentant le passage du Cantique des Cantiques « Botrus Cypri dilectus meus mihi, in vineis Engaddi » notre Saint fait allusion à ce site merveilleux qui dépend, dit-il, de son diocèse. Cette vigne attira maintes fois l'attention des pèlerins pendant la période des croisades. « Ils s'édifiaient en admirant les vignes d'Engaddi et ils cherchaient à prouver combien l'écrivain sacré avait raison de comparer le Bien-Aimé à une grappe de Chypre. Mais l'auteur des missions catholiques auquel nous empruntons ces lignes, observe que ces zélés commentateurs n'ont pas remarqué que les Septantes et la Vulgate n'avaient fait qu'écrire en lettres grecques et latines le mot hébreu *Kipr*, qui est le nom d'un arbuste encore célèbre en Orient et utilisé pour la vanité des parures. C'est le Hennéch que Linnée a nommé Lawsonia [2]. Il porte des fleurs, sem-

---

1. P. Etienne de Lusignan, Description de toute l'île de Chypre, p. 7.
2. Missions Catholiques, an. 1869, p. 195.

blables à celles du sureau, unies en petites grappes jaunes d'une agréable odeur, et c'est à lui que l'Epouse des Cantiques compare son Bien-Aimé ».

Le nom de Limisso ou Limassol, résidence épiscopal du B. Barthélemy a subi d'étranges variations durant le cours des siècles : Némésie, Némacium, Limeçon, Limezin, enfin *Limassol*. Cette ville fut bâtie ou plutôt renouvelée par les rois de Lusignan lorsque l'antique Amathe (Amatunta) célébrée par Ovide et Virgile fut détruite. Elle était alors ornée de beaux édifices, d'églises, de monastères. Il y avait deux cathédrales, une pour les latins, l'autre pour les grecs. La grande mosquée, qui était l'ancienne église latine, a été emportée par l'inondation de 1894.

« Parmi les églises dont les ruines sont réduites à un véritable minimum, écrit M. Enlart, dans son savant ouvrage sur l'art gothique en Chypre [1], se trouve un petit tas de décombres entre Limassol et Polemidia, qu'on appelle l'église des Francs. Ce nom, sur l'emplacement où campa l'armée de S. Louis est d'un intérêt exceptionnel pour l'histoire.

---

1. Enlart, L'art gothique en Chypre, T. II, p. 453.

Ces pierres concassées forment un amas de moins d'un mètre de haut. Cette exploration m'a permis de constater que l'église, fort petite avait un chevet à pans coupés et des voûtes d'ogives. Elle devait exister au temps de S. Louis, car elle contenait une sépulture du XIIIe siècle, mais le style du seul morceau ouvragé qui subsiste, semble indiquer une date postérieure. Il est probable qu'elle fût rebâtie au siècle suivant. Les dalles qui formaient le pavement de cette petite église ont été enlevées. Ce serait celles qui furent apportées au Louvre en 1867 [1].

Si l'on en croit Etienne de Lusignan, le château de Limassol aurait été fondé vers 1193 par Guy de Lusignan. Selòn Florio Buston, il serait un ancien château des Templiers, confisqué en 1308 au profit du royaume [2].

Ce château est aujourd'hui le seul monument ancien de la ville. Il s'étend parallèlement au rivage dont il est proche. Les parties du XIIIe siècle dont il reste des traces, sont un gros donjon carré (couronné d'une terrasse crénelée), originairement dépourvu de voû-

---

1. Enlart, T. II, p. 453.
2. Ibid., p. 473.

tes et une grande salle ou une chapelle. La travée qui sépare le donjon et les murs de celui-ci sont du XIIIe siècle [1].

Limassol possède donc peu de vestiges de son ancienne grandeur. Les tremblements de terre, les inondations, les Turcs et surtout les Gênois ont ruiné ses édifices et les ruines mêmes ont disparu. La ville apparaît au bord de la mer, à l'extrémité d'une grande plaine. Une de ses portes, datant probablement du temps de Lusignan, s'appuie sur des magasins et mène, sous une série d'arbres à une petite place modernisée. Le long de la mer une bande de maisons sans quais, avec des bouts de plage. Curieusement, toutes s'ouvrent du côté de la rue intérieure et n'ont que de petites ouvertures du côté de la mer [2].

Au XIIIe siècle Limassol avait atteint l'apogée de sa grandeur, mais elle demeurait en proie à toutes les passions religieuses. Les yeux de notre Saint furent sans doute éblouis en arrivant dans ce pays d'une merveilleuse richesse, mais sa consternation dut être profonde en considérant les rivalités séculaires qui divisaient l'Église de Chypre. Le clergé orthodoxe y

---

1. Enlart, p. 678.
2. Tour du Monde, 1897, T. III, p. 607, 645.

jouissait d'une prérogative qui datait de loin. Au temps de l'empereur Zénon, un archevèque trouva dans le tombeau de S. Barnabé un manuscrit de l'Évangile. Muni de sa précieuse trouvaille, il l'offrit à l'empereur qui lui donna en retour le titre de patriarche, le droit de porter la pourpre, la crosse surmontée d'un globe crucifère et de signer ses écrits à l'encre rouge, droit qui le mettait au-dessus des autres patriarches [1]. De là des conflits sans cesse renouvelés entre eux et les évêques de l'Église latine. Giovanni Mazzini, dans sa géographie universelle porte à quatorze le nombre des évêques en Chypre. Innocent III les réduisit à quatre en 1216, en exigeant la soumission des Grecs à l'Église Romaine. Les latins conservèrent les évêchés de Nicosie, Famagouste, Limassol et Passo.

Barbarano prétend que Barthélemy fut d'abord évêque de Passo, mais aucun document ne confirme cette assertion. Le silence qu'il garde lui-même à cet égard dans la relation de sa vie, prouve qu'elle est erronée ou qu'il cumula peut-être les deux fonctions. L'archevêque de Nicosie [2], d'après l'Oriens Chris-

---

1. Tour du Monde, an. 1897, p. 177.
2. Lequien, Oriens Christianus, T. III.

tianus était alors Eustorge, originaire d'Auvergne, résidant en Chypre depuis trente années. Il suivit S. Louis en Palestine et mourut loin de son diocèse.

Au point du vue humain, la mission de Barthélemy présentait des obstacles presque insurmontables. Soutenir les droits de son Église, réformer la discipline du clergé, réprimer les graves désordres qui s'étaient introduits dans tous les rangs de la société, tels étaient les pénibles devoirs qui incombaient au nouvel évêque de Limassol. Une âme moins virile eut peut-être fléchi sous ce lourd fardeau en une terre d'exil, mais notre Saint savait qu'un travail sans relâche est l'apanage des Frères Prêcheurs. Aussi, ne craignait-il pas d'avancer ses jours en se consacrant sans réserve à la tâche qui lui était dévolue.

Les chanoines, dont les mœurs étaient fort relâchées, attirèrent d'abord son attention. Il obtint d'Innocent IV la faculté de vendre certaines maisons, dépendant de la mense épiscopale afin d'ériger une demeure commune pour les membres du chapitre. Son expérience lui montrait combien un petit groupe d'âmes d'élite, vouées à l'étude, à l'oraison, à la psalmodie du divin office serait un puissant

remède à tant de maux. Mais, étant donné la
fragilité de la nature humaine, Barthélemy vit
aussitôt se dresser devant lui de dangereux
adversaires. Quelques membres du clergé,
espérant l'intimider, ne craignirent pas de
s'insurger contre leur Pasteur et offrirent aux
fidèles le triste spectacle d'une révolte ouverte
contre ce courageux réformateur. C'était peu
connaître l'apôtre dominicain, dont le mâle
caractère savait, selon la parole du Père Gra-
try « s'appuyer sur l'obstacle afin de s'élancer
plus loin ». Moraliste profond, il avait scruté
plus d'une fois, l'inénarrable misère du cœur
humain, aussi résolut-il d'atteindre ces prêtres
indignes par leur côté le plus faible. Devinant
aisément leur attachement aux biens terrestres et muni d'une autorité qui dérivait du
Souverain Pontife, Barthélemy menaça de
priver des bénéfices ecclésiastiques tout clerc
qui persévérerait dans cette scandaleuse conduite. On ne sait quelle fut la durée de ce
conflit, mais le biographe de notre Saint,
auquel nous empruntons ce récit, nous apprend qu'il eut bientôt la joie de voir la justice triompher. Les ministres de Dieu, demeu-
rés fidèles à leur devoir se groupèrent autour
de lui et s'il eut à déplorer quelques défections
parmi les membres du clergé, toujours est-il

que cette réforme se termina à la satisfaction des bons et à l'édification du peuple [1].

La vigilance du B. Barthélemy s'exerça ensuite sur les fidèles de son diocèse par la répression des vices et l'avancement progressif des âmes dans les voies de la vertu. Il nous est représenté par les auteurs de l'Ordre « visitant toutes les paroisses soumises à sa juridiction, rétablissant la pureté du culte et de la discipline, instruisant lui-même son peuple et ne laissant à personne le soin de nourrir les pauvres ». Sur les brebis souffrantes de son troupeau, il se plaisait à déverser tous les trésors de sa tendresse. Aucune douleur ne demeurait inconsolée. A ces journées fécondes succédaient les heures apaisées de la nuit, heures divines consacrées, en ces temps de primitive ferveur, au silence et aux oraisons secrètes. On peut présumer que ces heures bénies s'écoulaient auprès de sa famille religieuse, car il est certain que Chypre possédait alors quatre couvents dominicains. Malheureusement il ne reste aucun vestige de celui de Limassol et M. Enlart, malgré ses ingénieuses recherches, n'a pas réussi à identifier même son emplacement.

---

1. Faccioli, Vita e virtu., p. 18.

Pendant que le B. Barthélemy se dévouait sans relâche au soin de son troupeau, il apprit que le roi de France mettait à exécution son noble projet, celui de délivrer la Terre Sainte. On sait la promesse qu'il en avait fait sur son lit de douleur et son énergique résistance contre ceux qui tentaient de l'en détourner. Ayant pris congé de Blanche de Castille à laquelle il confiait la régence, il se mit en route, traversa la Bourgogne et s'arrêta à Sens. Salimbene qui résidait alors au couvent de son Ordre en cette ville, le vit passer et le dépeint en ces termes : « Le roi de France était frêle et délicat, assez maigre et d'une taille peu élevée. Son visage était celui d'un ange et sa figure gracieuse. Il venait à l'église des Frères Mineurs sans luxe princier, en habit de pèlerin, portant au cou son bourdon et sa panetière, qui ornaient merveilleusement ses royales épaules ; il n'allait pas à cheval, mais à pied. Ses frères le suivaient, humbles comme lui dans leur maintien et leur costume..... Vraiment à voir ce roi si pieux on aurait dit un moine, malgré ses armes guerrières, plutôt qu'un chevalier [1].

---

1. Salimbene, Chronica.

S. Louis en quittant Sens, se dirigea vers Lyon afin de recevoir la bénédiction du Souverain Pontife, puis vers Aigues-Mortes où il s'embarqua le 25 août 1248. Enfin, après une heureuse traversée il parvint à Limassol. Il est probable que Barthélemy de Brégance se porta au devant de son royal ami aussitôt qu'il eut débarqué dans son diocèse, et l'on devine aisément quel fut l'entretien de ces deux saints dont il plaisait à la Providence de rapprocher les destinées. Durant ce séjour en Chypre, ils contractèrent les liens de cette amitié qui fut si fidèle. Unis dans la vie, ils le furent encore dans la mort, ainsi que nous le verrons, puisque S. Louis ne précéda Barthélemy que de peu de semaines dans la tombe.

Les croisés furent émerveillés des richesses de Chypre ainsi que le raconte Joinville : « Le roi, dit-il, avait fait amonceler des tonneaux de vin ; les froments et les orges étaient mis par monceaux parmi les champs, et quand on les voyait, il semblait que ce fussent des montagnes, car la pluie, qui avait battu les blés, les avait fait germer par dessus, si bien qu'il n'y paraissait que l'herbe verte. Or, il advint que quand on voulut les mener en Egypte, l'on abattit les croûtes de dessus avec l'herbe et l'on trouva le froment et l'orge, aussi frais que si on les eut nouvellement battus [1].

« Qu'est devenu ce champ si fécond ? Aujourd'hui l'on n'y voit plus que des épines rabougries, des chardons secs, des bruyères pâles. Les petites collines qui rompent de distance en distance la monotonie de la plaine sont pelées et rocheuses. A peine y rencontre-t-on quelques villages et terres plantées de cotoniers. Il est vrai que le versant opposé offre à la vue un paysage aussi riant et ombragé que celui de la plaine est austère et nu. Le littoral, produit peu de blé, mais il est recouvert de palmiers, de caroubiers et de plantes utiles [2].

Joinville nous apprend « que le roi fut très volontiers allé en avant, sans aller jusqu'en Egypte, n'eussent été ses barons qui lui conseillèrent d'attendre ses gens qui n'étaient pas encore tous venus ». Louis IX suivit leur conseil et s'établit à Nicosie, laissant ses troupes dans un camp, voisin de Limassol, à côté de l'église des Francs. Mais, s'il faut en croire quelques historiens, la vie trop abondante, l'oisiveté surtout engendra des vices et bientôt la peste se mit dans l'armée, ce qui obligea

---

1. Joinville, Hist. de S. Louis, édit. Wailly, 1867, p. 89.

2. Missions Catholiques, an. 1869, p. 194.

S. Louis à répandre son armée dans l'île. Deux cent soixante chevaliers périrent alors. La famille royale ne fut pas épargnée, la reine fut longtemps malade et le comte d'Anjou eut une fièvre quarte dont il souffrit jusqu'au 23 juin suivant. Pendant son séjour à Nicosie, le roi apaisa les divisions qui surgissaient sans cesse entre les seigneurs Chypriotes aussi bien qu'entre les Templiers et les Hospitaliers, puis il contribua à la pacification des évêques Grecs et Latins et à la conversion des Sarrasins Juifs qui demandèrent le baptême et le reçurent avec joie sans autre intérêt que celui du salut [1].

Louis IX accueillit le 14 décembre 1248 « moult débonnairement les messagers des Tartares et leur envoya les siens, c'est-à-dire trois Frères Prêcheurs, André, Jean et Guillaume », enfin il reçut fort honorablement Marie de Brienne, impératrice de Constantinople, venue en Chypre pour implorer des secours pour son mari. Cette double entrevue eut lieu au château de Limassol, dont on voit encore le donjon. Ce fait ne manque pas d'intérêt, car il prouve que S. Louis ne rési-

---

1. Le Nain de Tillemont, T. III, p. 210.

dait pas exclusivement à Nicosie, mais encore dans la ville épiscopale du B. Barthélemy.

« Le roi de France, voyant que le printemps approchait songea à se procurer des vaisseaux pour passer en Egypte. Comme les Français avaient alors peu ou point de vaisseaux, ils en louaient. Une première ambassade fut envoyée à Acre, mais elle ne put obliger les Gênois et les Pisans, qui y faisaient un grand commerce à vouloir y mettre un prix raisonnable, aimant mieux laisser ruiner toute l'entreprise de la croisade. Une seconde ambassade réussit mieux et quelques vaisseaux abordèrent en Chypre vers l'Ascension, selon Nangis. Il en vint un grand nombre des îles de l'archipel et le roi fit faire des petites barques pour aborder plus aisément [1]. »

« Tout étant prêt, le roi, la reine et toutes les autres troupes montèrent sur leurs vaisseaux le 13 de mai au soir, dans le port de Limassol ainsi qu'Henri I, roi de Chypre, plusieurs prélats et un grand nombre de barons. On disait que jamais on n'avait vu de flotte si considérable et on marque qu'il y avait cent vingt gros vaisseaux, sans les galères et autres moindres

---

1. Le Nain de Tillemont, p. 234.

et en tout de 1650 à 1800 sur lesquels on voyait 2.800 chevaliers et un nombre comme infini d'autres personnes.

« Toute l'armée fit voile le mercredi 19, mais il s'éleva un vent contraire, en sorte qu'après avoir avancé jusqu'à Paphos, on fut obligé de relâcher à Limassol. Le 21 les croisés partirent de nouveau. Toute la flotte était encore ensemble, de sorte qu'il semblait que la mer fut couverte de voiles, tant que la vue se pouvait étendre. Le lendemain qui était la Pentecôte, il vint d'Égypte une tempête qui dissipa la plus grande partie des vaisseaux, jeta les uns sur la côte d'Acre, les autres en divers endroits, de sorte que saint Louis étant descendu à la pointe de Limassol, il y entendit la messe [1]. De 2.800 chevaliers, il ne s'en trouva plus que 700. Aussi le roi passa-t-il tout le jour dans une grande affliction. Ils retournèrent à Limassol où ils attendirent jusqu'à la Trinité pour rassembler ceux que la tempête avaient écartés. Enfin la flotte fit voile et eut un vent favorable, mais elle était sensiblement réduite puisque 150 navires et une grande partie des chevaliers avaient dis-

---

1. Le Nain de Tillemont, p. 237.

paru. Le roi montra alors une force d'âme incomparable. « Mes fidèles amis, s'écria-t-il, nous serons insurmontables si nous sommes unis par la charité. Toute aventure nous est sûre. Si nous sommes vaincus, nous monterons au ciel en qualité de martyrs. Si nous vainquons au contraire on publiera la gloire du Seigneur. Combattons pour J.-C. et il vaincra pour nous. »

Barthélemy, résidant à Limassol, durant ces tragiques événements, apporta ses consolations au grand roi et adoucit par sa sollicitude l'amertume de ces revers. Après son départ il revint à sa demeure épiscopale, suivant par le cœur la périlleuse expédition. Il ne fut donc pas présent au désastre de l'armée chrétienne et n'apprit que plus tard la bataille de la Mansourah, la captivité de S. Louis et enfin sa délivrance. Mais bientôt il reçut, ainsi que nous le verrons dans le chapitre suivant, un ordre du Souverain Pontife, lui enjoignant de rejoindre en Syrie celui qui, par son attitude noble et pleine de grandeur, en imposait à ses ennemis eux-mêmes. Les Sarrasins ne pouvaient réprimer leur admiration pour cet héroïque prince « le plus fier chrétien qu'on eut vu en Orient ».

CHAPITRE V

« Les événements s'étaient rapidement suc-
cédés, saint Louis, d'abord vainqueur dans les
plaines du Nil, puis défait et captif, venait
de recouvrer sa liberté. Les intérêts chrétiens
le retenaient en Syrie. Il fortifiait les villes ;
il poursuivait la délivrance des croisés qu'il
avait dû laisser en Égypte, il relevait le moral de
la colonie latine en donnant l'exemple de tous
les dévouements. Le roi avait le cœur d'un
apôtre et l'héroïsme d'un martyr. L'idée de
conquérir des âmes le suivait partout : « Beaucoup de Sarrasins, écrit Geoffroy de Beaulieu,
vinrent à lui pour se convertir à la foi chrétienne ; il les recevait avec joie et les faisait
instruire et baptiser [1]. » Un autre chroniqueur

---

1. Danzas, Études sur les temps primitifs de l'Ordre
de S. D., T. III, p. 445.

porte à cinq cents environ le nombre de ceux qui délaissèrent la loi de Mahomet, et il ajoute qu'ils étaient introduits « dans l'ensaignement de la foy » par les Frères Prêcheurs et Mineurs. Nous voyons partout le Saint, ayant à ses côtés les Fils de S. Dominique et de S. François et c'est ainsi que, pour être fidèle à la couleur historique, il faudrait le représenter dans toutes les scènes de sa vie. Au détour du palais, au milieu des armées, en Palestine ou en Égypte comme en Europe, on se heurte à chaque pas à la bure du Frère Mendiant [1]. »

Barthélemy de Brégance vint bientôt grossir la petite troupe d'élite qui accompagnait le roi. Touron rapporte le fait en ces termes : Pendant que notre Saint, confiné dans son diocèse, travaillait à sa propre perfection et au salut de ceux qui étaient confiés à sa conduite, des besoins plus pressants l'arrachèrent à son cher troupeau. Le Pape lui ordonna de se rendre incessamment dans la Palestine auprès de S. Louis, soit pour l'aider de ses conseils dans le triste état où se trouvaient les débris de l'armée chrétienne après sa défaite par les Sarrasins, soit pour quelques affaires secrètes.

---

1. Danzas, Études sur les temps primitifs de S. Dominique, T. III, p. 421.

Fontana prétend qu'il fut envoyé en qualité de légat *a latere* et qu'il exerça de nouveau l'emploi de confesseur du roi. Nous savons cependant que Geoffroy de Beaulieu était alors honoré de cette qualité et que le cardinal Eudes de Châteauroux se trouvait auprès de sa Majesté comme légat du S. Siège [1].

Cette question est fort difficile à résoudre. Un seul fait se dégage des opinions diverses qui ont été émises à ce sujet, c'est que le B. Barthélemy, d'après l'ordre du Souverain Pontife vint à Joppé où la famille royale « daigna l'accueillir, selon sa propre expression, avec la plus grande bénignité ».

« Il semble que cette antique cité se réduisit alors à un château, situé dans une presqu'île. Louis IX y fit bâtir une ville, enfermant dans ses murs tout le terrain de la presqu'île, depuis une mer jusqu'à l'autre et pour encourager les ouvriers il leur disait que lui-même avait porté la hotte [2]. »

Faccioli place à cette époque le pèlerinage du B. Barthélemy dans les sanctuaires de la Palestine. Il raconte que ce fut : « avec une grande ferveur et d'abondantes larmes que ce

---

1. Touron, Disc. de S. Dom., p. 512.
2. Le Nain de Tillemont, p. 448.

Religieux si dévôt à la Ste Vierge et formé à l'école du Crucifié dès son enfance par S. Dominique, parcourut ces lieux bénis où s'était déroulé le drame sanglant de la Passion. » Ce pieux devoir accompli, notre Saint revint auprès de Louis IX.

« L'enceinte de Joppé étant achevée, le roi conçut le projet de fortifier de même Sidon, qu'on appelait Sajette. Il s'était fait précéder d'un grand nombre d'arbalestriers et d'ouvriers. Mais ces derniers furent surpris par les Sarrasins, et comme les murs n'étaient pas achevés, ils s'en rendirent maîtres et tuèrent plusieurs milliers d'hommes. Ceux qui purent échapper s'enfermèrent dans un château bien fort et bien armé pour se mettre à couvert de la fureur de leurs ennemis. « S. Louis apprit cette triste nouvelle lorsqu'il était en chemin pour aller à Sidon et fut fort malcontent de ses arbalestriers. Il s'était mis en route avec Hugues de Châteauroux, l'archevêque de Tyr et une suite nombreuse parmi laquelle se trouvait sans doute le B. Barthélemy. Le chemin de sept lieues était très dangereux à cause des Sarrasins. En arrivant, il vit le triste spectacle de tant de morts, tués trois ou quatre jours auparavant. Ce fut en cette occasion que le roi fit cette action de charité, d'humilité, de générosité relevée par tant d'historiens, en enterrant durant quatre à cinq jours, de ses propres mains, des corps si corrompus que personne ne voulait leur rendre ce dernier devoir. Puis il fit travailler de nouveau à fortifier Sidon. Il la fit fermer de grosses murailles, faites toutes de neuf et de grosses tours. A cela il employa le reste de l'année et l'année suivante [1]. »

Bientôt une nouvelle épreuve vint briser le cœur de S. Louis et jeter la consternation dans l'armée des croisés. Blanche de Castille était morte au mois de novembre 1252. Joinville raconte que S. Louis resta deux jours enfermé dans sa chambre, puis il l'envoya quérir et étendant les bras il lui dit : Ah! Sénéchal, j'ai perdu ma mère ! ». « Sire, lui répondit-il, je ne m'en étonne pas, mais je m'étonne que vous, qui êtes un homme si sage, ayez montré une si grande douleur, car vous savez que le sage dit que quelque chagrin que l'homme ait au cœur, rien ne lui en doit paraître sur le visage, car celui qui le fait en rend ses ennemis joyeux et en attriste ses amis ».

Le récit de Geoffroy de Beaulieu, trop étendu pour être rapporté ici, peint au vif l'immense

---

1. Le Nain de Tillemont, p. 490.

douleur de son royal pénitent. Le style en est moins rude que celui de Joinville, mais il porte aussi ce cachet d'ingénuité et de concision qui en double le charme. Ces documents offrent un réel intérêt dans la vie du B. Barthélemy, car il semble qu'étant auprès du roi, il dut partager avec son confesseur le rôle délicat et très doux de consolateur.

« Cependant la France, privée de la Régente, demeurait en danger, tant du côté de l'Angleterre que du côté de l'Allemagne. Le roi fit faire des processions pour obtenir la lumière de Dieu sur ce sujet. Il fit crier que tout le monde irait au sermon du patriarche, en habits de pénitents et nu-pieds pour prier Dieu de lui faire connaître s'il valait mieux qu'il retournât ou qu'il demeurât. Enfin, ayant tenu conseil avec des hommes sages, il consentit à s'en retourner. Le lendemain, Joinville, par son ordre, mena la reine et ses enfants à Tyr. La résolution de son retour étant devenue publique, les patriarches et les seigneurs du pays vinrent le remercier du bien qu'il avait fait à la Terre-Sainte [1]. » Le roi de France ayant rejoint la famille royale à Tyr, se rendit à Acre et s'embarqua le 24 avril.

---

1. Le Nain de Tillemont, T. IV, p. 28.

S. Louis fut accompagné à son vaisseau des larmes et des bénédictions des légats, des prélats, de la noblesse, de tout le peuple qui le suivait avec une dévotion et un zèle qui ne se peuvent exprimer, l'appelant « Père des chrétiens. ». Le roi prit congé d'eux en leur faisant plusieurs belles exhortations [1].

Barthélemy, qui fut vraisemblablement le témoin oculaire de cet imposant spectacle, n'en rapporte cependant aucun détail. Il se contente, dans un récit très laconique de mentionner en ces termes la réception que lui firent le roi et la reine. « Nous les visitâmes à Joppé, dit-il, puis à Sidon, enfin à Acre ou Plolémaïde. Nous fûmes accueillis avec une extrème bénignité et chéri par eux d'une si grande tendresse, qu'étant sur le point de retourner en France, ils nous prièrent avec instance de les visiter à Paris, nous faisant espérer qu'ils nous donneraient de saintes reliques [2] ». Le B. Barthélemy ne dit pas s'il accompagna saint Louis à Chypre. Le fait est vraisemblable et l'on peut présumer qu'il monta sur le vaisseau royal, prêt à partager

------

1. Le Nain de Tillemont, p. 28.
2. Leçon de la Ste Epine.

les périls de celui qui lui témoignait un si vif amour.

« Le Roi quitta le port d'Acre après avoir fait placer le corps sacré de Jésus-Christ dans le lieu le plus honorable du vaisseau [1]. Parti le 24 avril, il arriva le samedi suivant vers le soir à la côte de Chypre auprès de la montagne de la croix. Une brume qui s'éleva fit perdre de vue cette montagne, les mariniers firent aller le vaisseau à pleines voiles, ce qui ne fit qu'augmenter le péril et il alla donner sur une langue de terre qui s'avançait dans la mer, presque aussi dure qu'une roche, de sorte que le choc fit sauter extrêmement le vaisseau. Tout le monde jeta un cri : « Vrai Dieu sauvez-nous ! » Les mariniers, tous désespérés, se déchiraient les habits et la barbe et ne savaient que faire ni que dire. La reine était, avec ses enfants, couchée par terre auprès du roi, dans la dernière désolation. Celui-ci, plein de foi et d'espérance au milieu de l'effroi général, s'en alla se prosterner les pieds et les mains contre terre devant le S. Sacrement et, peu après, le vaisseau par un miracle rompit le gravier et s'ouvrit un chemin à travers la langue de

---

1. Le Nain de Tillemont, p. 35.

terre, de sorte qu'un des mariniers, ayant jeté la sonde, trouva qu'elle était en pleine eau [1]. On jeta les ancres, car la nuit était venue, on apporta de la lumière, on alluma des torches, on reconnut que dans le navire tout était sain et entier comme avant. Le roi se leva secrètement et alla se prosterner devant le S. Sacrement. Les mariniers lui ayant conseillé de se mettre sur un autre vaisseau, parce que le sien était en danger de s'ouvrir quand il serait en pleine mer, il ne voulut jamais le faire, « aimant mieux, disait-il, s'exposer au danger entre les mains de Dieu que d'y laisser cinq ou six cents personnes ». On examina le vent avec grand soin pour se retirer de ce lieu périlleux où l'on était entre les bancs et les écueils, et, joignant les avirons aux voiles, on fit avancer les vaisseaux pour descendre en Chypre. On les racommoda le mieux qu'on put [2].

Ici encore, on aimerait à se représenter Barthélemy de Brégance à bord du vaisseau royal, encourageant les mariniers, réconfortant les âmes pusillanimes, élevant vers le Dieu de bonté les esprits et les cœurs, mais le fait

---

1. Le Nain de Tillemont, p. 36.
2. Ibid., p. 38.

de son embarquement, bien que vraisemblable, ne repose, ainsi que nous l'avons constaté, sur aucune attestation historique. Notre
Saint semble du moins avoir accueilli la
famille royale à son arrivée à Limassol où elle
séjourna tandis, qu'en toute hâte, on réparait
les vaisseaux. Le séjour de S. Louis en Chypre fut d'ailleurs de courte durée et bientôt,
prenant congé de ses hôtes, il fit voile pour la
France.

La flotte royale ayant disparu à l'horizon,
Barthélemy de Brégance revint à Limassol.
Mettant à profit les loisirs que lui laissaient les
labeurs de son épiscopat, il composa alors
pour son illustre ami un opuscule sur le Cantique des Cantiques. Cette œuvre mentionnée
plus haut, relativement à la vigne d'Engaddi,
est dédiée à S. Louis et précédée d'un long
prologue, tout imprégné d'une profonde admiration pour celui qu'il déclare, entre tous,
« un homme fait selon le cœur de Dieu ». Il
semble que son traité sur l'éducation des
princes soit d'une époque antérieure. Il est
dédié à la reine Marguerite et porte ce titre :
« Liber de informatione regiæ prolis ».

En se basant sur les documents pontificaux,

on péut fixer le retour de Barthélemy de Brégance en Italie au mois d'août 1254. La cause première de ce rappel inopiné demeure obscure, mais, selon toute apparence, Innocent IV lui enjoignit de se rendre à Rome afin de s'enquérir des graves désordres qui régnaient dans l'Église de Chypre depuis le départ de l'archevêque de Nicosie, Guillaume d'Auvergne, mort à Damiette le 28 avril 1250. Son successeur Hugues de Fabriano, dont les historiens vantent la science et la vertu, manquait totalement de prudence, qualité essentielle au gouvernement des âmes. Zélé propagateur de la foi catholique, loin d'user de modération envers le patriarche grec Germain, il ne craignit pas d'entrer en lutte ouverte avec lui et de l'accabler d'humiliations. De là naquit un conflit lamentable, l'interdit lancé sur le royaume de Chypre par le fougueux archevêquê et enfin son exil volontaire en Toscane. Il est probable qu'Innocent IV, connaissant l'impartialité et la prudence de Barthélemy de Brégance le jugea seul capable d'intervenir dans cette grave affaire et le rappela à Rome dans le but de prendre avec lui des mesures efficaces pour mettre fin à ce scandale. Personne plus que lui, en effet, n'avait souffert de ces dissensions qui troublaient l'Église de

Chypre et compromettaient gravemént l'éternel avenir des âmes.

Barthélemy, ayant reçu cet ordre du Souverain Pontife, s'embarqua aussitôt et se dirigea vers Rome. Trois mois s'écoulent et le bullaire pontifical nous le présente chargé de réprimer l'hérésie et d'accomplir, de concert avec Manfred de'Pii, évêque de Vicence, une visite canonique officielle au monastère de San-Pietro « in medio hereticorum civitatis ». Le texte ajoute ces mots : « Nonnulle monialium ipsius monasterii, maxime credentium filie, probabilibus indiciis de hujusmodi pravitatis vitio hactenus sunt notate ». Ce document est d'une grande importance, car il atteste la présence du B. Barthélemy à Rome en l'année 1254. On doit cependant constater qu'il ne reste aucune trace de cette délicate mission dans les archives du célèbre couvent bénédictin. Cette période de la vie de notre Saint est demeurée fort obscure. Faccioli rapporte qu'après avoir exécuté les ordres du Pape à San-Pietro, il s'embarqua pour Chypre où il reprit les devoirs de sa charge épiscopale avec d'autant plus de sollicitude que son Église se trouvait depuis longtemps privée de sa présence [1]. Il semble au contraire d'après les

---

1. Faccioli, p. 22.

archives de Vicence que le B. Barthélemy s'étant démis volontairement de son évêché, fut chargé par Innocent IV d'une double mission diplomatique en France et en Angleterre. Enfin, on ne peut passer sous silence l'opinion d'Ughelli et de Barbarano, bien qu'elle soit insoutenable au point de vue chronologique. Selon eux, le B. Barthélemy, fatigué de son exil s'entendit avec un Chypriote, nommé Paul, successeur de Manfred de'Pii sur le siège de Vicence, et obtint la faveur de permuter avec lui. Mais ces savants auteurs ne font pas attention que Manfred était mort le 30 août 1255, ainsi que le prouve sa pierre sépulcrale [1] et que notre Saint fut appelé à lui succéder trois mois et demi plus tard. Est-il vraisemblable que, durant cette courte vacance épiscopale, Paul de Chypre ait eu le temps d'occuper le siège de Vicence et de traiter la grave affaire de son transfert à Limassol à une époque où les communications se transmettaient lentement par des courriers, en des voies à peine tracées et peu sûres ? D'ailleurs que ce Paul soit cité par Ughelli et Barbarano, cela ne prouve rien, ainsi que le fait observer Riccardi [2], puisque son nom ne figure ni dans

---

1. Cappelletti, le Chiese d'Italia, p. 859.
2. Riccardi, Tommaso, storia dei vescovi Vicentini.

la liste des évêques de Limassol, ainsi que l'atteste le P. Lequien dans son *Oriens Christianus*, ni dans celle des évêques de Vicence.

Barthélemy, pour une raison demeurée inconnue, quitta Rome et vint se fixer à Naples au début de l'année 1255. Le fait est attesté par deux bulles apostoliques d'Alexandre IV qui lui sont adressées, durant sa résidence en cette ville. Elles portent les dates du 13 mars et du 18 décembre. La seconde revêt une haute importance, car elle lui confère l'évêché de Vicence.

Alexandre IV connaissant l'intégrité de son caractère et sa merveilleuse aptitude pour les affaires, l'avait jugé le plus capable de réparer les désordres de ce diocèse. Prévoyant ses objections, le Souverain Pontife prend soin de l'exempter d'avance de son vœu de pauvreté et des observances religieuses incompatibles avec sa nouvelle dignité. Humbert de Romans lui-même, ne semble pas différer son autorisation. On connaît pourtant les sentiments du Maître Général à cet égard. N'écrivait-il pas quelques années plus tard au B. Albert-le-Grand pour le supplier de « refuser un pareil affront ». « Combien je préférerais, disait-il, voir mon frère bien-aimé monter sur un brancard funèbre plutôt que sur un siège épiscopal ! » Il agit autrement, avec Barthélemy de Brégance, et, loin de mettre obstacle à son élection, il semble déroger de ses principes en cette circonstance et s'unit au Pape pour lui enjoindre d'accepter sans délai le fardeau de l'épiscopat.

Le Souverain Pontife, dans la bulle du 18 décembre, déclare lui imposer ce siège, demeuré vacant depuis la mort de Manfred de' Pii. Il l'exhorte, en termes affectueux « à laisser de côté toute excuse et, sans perdre de temps, à entreprendre avec une âme virile la mission qui lui incombe, se confiant uniquement en ce Dieu qui n'abandonne jamais celui qui se livre à sa Providence. »

Les bulles d'intronisation adressées au clergé et au peuple de Vicence sont fort élogieuses. Alexandre IV traçait en quelques mots cette apologie du nouvel évêque : « Bartholomæum, quem ob suorum exigentiam meritorum favore speciali prosequimur, cum ipse sit fama celebris, eminentis scientiæ vitæ et honestate decorus et concilii maturitate preclarus, verbo potens pariter et exemplo. »

Barbarano raconte que le B. Barthélemy ayant pris possession de son évêché, en fut aussitôt chassé par Eccelin. Quelques auteurs appuient cette opinion et prétendent qu'il n'échappa que par miracle aux pièges que lui tendit le tyran. Quoiqu'il en soit, Barthélemy, forcé de s'éloigner de son diocèse, se réfugia à Padoue, ainsi que le prouve un document daté de cette ville, dans lequel il concède le 12 janvier 1257 un canonicat à Pio, prêtre de Modène, fils du seigneur Lanfranc et neveu de Manfred de'Pii [1].

Le nouvel évêque de Vicence, ne pouvant gouverner son troupeau d'une manière effective, s'efforça du moins de le régir par ses lettres pastorales, exhortant les âmes à la patience, à la prière et leur offrant personnellement, au dire de son biographe, un admirable exemple de résignation aux ordres de la Providence. Cette croix de l'exil, Barthélemy l'accepta dans un esprit d'humilité profonde, remerciant le Seigneur de le juger digne de souffrir et de boire quelques gouttes de son calice d'amertume [2].

- L'année 1258 fut entièrement consacrée aux légations apostoliques. Confiant dans sa prudence et son habileté, Alexandre IV le chargea de se rendre auprès d'Alberto Ricco, évêque de Trévise, afin de lever l'interdit qui pesait

---

1. Riccardi, Tommaso, stor. dei vesc. Vicentini, p. 93.
2. Faccioli. p. 25.

sur cette ville et de remettre en liberté les prisonniers et les esclaves, enchaînés et opprimés par Eccelin et son frère Albéric.

L'année suivante, le Souverain Pontife l'honora d'une mission plus délicate encore. Un conflit qui menaçait de dégénérer en scandale, s'était élevé entre les fils et les filles de S. Benoît. Après la mort du Père Sforzati, qui gouvernait les deux monastères depuis de longues années, la propriété de l'église conventuelle devint le sujet de sérieuses contestations. Les Bénédictins, reconnaissant enfin qu'elle appartenait légalement aux Religieuses, commencèrent à élever un second édifice dans le voisinage. De là naquit un débat qui menaçait la paix et la réputation de l'Ordre. Le Pape s'en émut et nomma une commission d'enquête, composée d'Henri, archevêque d'Embrun, d'Alberto - Ricco, évêque de Trévise, de Florio, évêque d'Adria, de Giovanni, évêque de Padoue et de Barthélemy, évêque de Vicence. Après mûres délibérations, notre Bienheureux élevant la voix proposa une mesure de conciliation qui termina heureusement le conflit. Les Religieux continuèrent leur œuvre commencée, mais leur église prit le nom de San *Benedetto Novello,* afin de la distinguer de l'édifice voisin.

Barthélemy nous apprend que la paix étant rétablie entre les deux monastères il se rendit en Angleterre en 1258, chargé par le Souverain Pontife de négociations relatives à la Foi. Ce fait, dont il ne reste aucun vestige dans l'histoire, demeure fort contesté. Ughelli place cette légation deux années plus tôt et raconte que notre Saint déploya, en cette occasion, toutes les ressources de son intelligence : « Il se montra, dit-il, un exemple de probité, de droiture, et agit en cette affaire comme un zélé défenseur de la Foi catholique ». Leandre Albert affirme à son tour qu'il se conduisit en cette mission diplomatique, de manière à conquérir une incomparable renommée.

Les Bollandistes, et après eux divers auteurs, non moins compétents, déclarent au contraire que le nom de Barthélemy de Brégance n'est mentionné dans aucun document contemporain. « Les historiens anglais dépeignent sous les plus sombres couleurs les pontifes légats, envoyés à la cour d'Henri III, mais l'évêque de Vicence ne figure nulle part ». Pourtant le texte de son récit personnel ne laisse aucun doute à cet égard : « Cum igitur, de regno Angliæ, quo pro fidei negotiis profecti eramus, cum ipso rege Angliæ pariter et regina Parisios venissemus ». En présence de ce texte si formel, une conclusion s'impose, celle d'une mission secrète et confidentielle.

Le biographe du B. Barthélemy, sans oser tracer un itinéraire, raconte cependant qu'il fit un court séjour à Milan, en quittant Padoue. Il nous dépeint la joie dont son cœur fut inondé en se prosternant devant le sépulcre glorieux de S. Pierre martyr, son ancien condisciple et son ami si tendre. De Milan, il s'achemina vers Gênes où il retrouva Jacques de Voragine qui remplissait l'antique cité Ligurienne de l'éclat de ses vertus. Il semble qu'il le connaissait de longue date et qu'il lui avait déjà confié sa précieuse compilation de la vie des saints, destinée à devenir, entre les mains de l'archevêque de Gênes, l'immortelle *Légende dorée*.

De Gênes, Barthélemy fit voile pour la Provence, puis ayant traversé la France, il s'embarqua pour l'Angleterre où il parvint après une heureuse traversée [1].

La Province d'Angleterre était l'une des plus florissantes de l'Ordre par le nombre de ses couvents, l'influence et la célébrité de ses Religieux, dont plusieurs furent honorés de l'épiscopat et de la pourpre cardinalice. Parmi

---

1. Faccioli, p. 27.

eux figurent Fr. Roberto Kilovarbi, Guglielmo Maclesfeld et Gualtieri de Winternborn.

Présenté à la cour d'Henri III par ces vénérables Religieux, Barthélemy, s'empressa de remplir sa mission, au dire de son biographe, et il s'en acquitta avec une telle prudence et tant d'habileté que le roi d'Angleterre le prit en affection et pour ne pas se priver de ses conseils, il en fit son compagnon durant son voyage en France [1]. Montant donc sur le vaisseau royal avec Henri III et la reine Eléonore, il traversa la Manche et c'est en cette noble compagnie qu'il entra à Paris, selon le récit du même auteur, afin d'accomplir la promesse faite à S. Louis de venir le visiter dans son royaume. Mais, dédaignant la somptueuse hospitalité qui lui fut offerte, notre Saint se dirigea vers le couvent de S. Jacques. On sait quels étaient alors le prestige et la gloire intellectuelle de ce cloître où affluaient les plus grands hommes de ce siècle et l'on peut penser combien doux et fécond fut son séjour à Paris, au milieu d'éminents Religieux, non seulement de l'Ordre de S. Dominique, mais encore de celui de S. François, tels que Pierre de Tarentaise, S. Thomas d'Aquin, S. Bonnaventure.

---

1. Faccioli, p. 28.

S. Louis, au milieu des pompes d'une réception royale n'oubliait pas l'hôte qui l'avait accueilli à Limassol, l'ami fidèle qui venait de lui donner une nouvelle preuve de son attachement en lui dédiant son opuscule sur le Cantique des Cantiques. Il manifesta le désir de le voir et il semble que S. Thomas d'Aquin, commensal et familier du roi, fut chargé de présenter notre Saint à la cour.

Aucun historien ne raconte les détails de ces entretiens entre l'évêque de Vicence et Louis IX et il est fort difficile de pénétrer le secret de sa mission confidentielle. Divers auteurs affirment que le B. Barthélemy assista à l'entrevue des souverains de France et d'Angleterre et qu'il contribua puissamment aux négociations qui précédèrent le traité de paix, mais leur opinion ne semble basée sur aucune preuve historique et ne peut être admise qu'à titre de conjecture.

Pendant que Barthélemy de Brégance remplissait à la cour de Louis IX les instructions du Souverain Pontife, de graves événements se succédaient en Italie. Le marquis d'Este, chargé de la croisade contre Eccelin, s'était emparé du pont de Cassano. Le tyran, fort superstitieux, sembla troublé de ce nom qui devait lui être funeste, au dire des astrologues.

On le vit frémir. Il sauta sur son cheval et s'avança impétueusement pour le reprendre, mais une flèche qui lui traversa le pied gauche, le força de s'éloigner. Bientôt il reparut et conduisant son armée à l'un des gués de la rivière, il la traversa sans renconter de résistance. Mais à peine les derniers soldats étaient-ils sortis des eaux qu'ils furent de nouveau attaqués. Les troupes se débandèrent. On vit Eccelin trembler à ce premier symptôme de désobéissance. Peu après, il fut renversé de cheval et fait prisonnier. Il s'enferma alors dans un silence menaçant au dire de Rolandini. Il fixait sur la terre son regard féroce. De toutes parts cependant, les soldats et les peuples accouraient; ils voulaient voir cet homme jadis si puissant, ce prince fameux, terrible et cruel par dessus tous les princes de la terre et la joie universelle éclatait de toutes parts. Toutefois les chefs de l'armée ne permirent pas qu'on outragea Eccelin. Il fut conduit dans la tente de Buoso-da-Doara et des médecins furent appelés pour le soigner, mais il repoussa leurs bons offices, il déchira ses plaies et le onzième jour après sa captivité, il mourut à Soncino, où son corps est enseveli [1].

---

1. Rolandini, Chronicon Astense, c. II, T. IX, p. 156.

Godi en trace ce portrait : « il était d'une petite taille, mais tout l'aspect de sa personne, tous ses mouvements indiquaient un soldat. Son langage était amer, sa contenance superbe ; et par son seul regard, il faisait trembler les plus hardis [1]. »

Barthélemy de Brégance, apprenant la mort de son persécuteur, songea aussitôt à regagner son diocèse. S. Louis semble avoir fait de grandes instances pour retenir auprès de sa personne cet ami si cher à son cœur, mais considérant les impérieux devoirs qui l'appelaient en toute hâte dans son diocèse, il résolut du moins d'accomplir sa promesse faite en Terre Sainte. En lui adressant ses adieux, le roi lui fit un don, précieux entre tous, en ces âges de foi, celui d'une épine de la Ste Couronne et d'une parcelle de la vraie Croix. Puis, l'embrassant et se dépouillant de son manteau royal, il lui en fit présent.

Le manteau de S. Louis, appelé aussi le *plu-vial des perroquets,* consiste en un seul morceau de drap, de couleur cramoisie sur lequel sont brodés des perroquets en fil d'argent doré et en soies de couleur. Ces oiseaux, appelés par

---

1. Antonii Godi, Chronicon, T. VIII, p. 90.

les poètes « *courtisans royaux* », sont disposés deux à deux dans les médaillons et alternés dans des figures géométriques avec les lis de France. Dans la bourse ou rational on voit représenté l'ascension de S. Louis au ciel. S. Dominique et S. Denis sont à ses côtés et, à leurs pieds, on lit une épitaphe qui rappelle leurs noms en caractères grecs. Cette chape, doublement précieuse puisqu'elle est à la fois une relique de S. Louis et du B. Barthélemy, existe encore à la Ste Couronne, mais les réparations qu'elle a subies, durant le cours des siècles, contrastent étrangement avec le travail primitif [1].

On conserve également dans le trésor de la fabrique de la Ste Couronne, un louis en or qui, d'après la tradition, aurait été donné à Barthélemy par Louis IX. Il a vingt-cinq millimètres de diamètre et représente d'une part une croix fleurdelisée avec cette inscription en lettres gothiques : « *Christus vincit, Christus imperat, Christus regnat*, de l'autre un écu couronné avec trois lis et surmonté d'une étoile avec ces paroles : *Ludovicus, Dei gratia, Francor. Rex* [2].

---

1. Bortolan, S. Corona, p. 147.
2. Ibid., p. 104.

Barthélemy de Brégance rapporte en ces termes la dernière entrevue qu'il eut avec le roi. Cette scène grandiose dans sa simplicité, doit être reproduite textuellement : « Le très pieux roi de France, dit-il, après avoir fait renfermer dans un reliquaire d'or une croix formée du bois de la vraie croix et une épine de la sainte Couronne, ayant plié son genou royal avec piété, l'offrit à nous qui étions agenouillés devant et, de ses mains royales, il la déposa entre nos mains épiscopales. En outre de cela, nous ayant donné et ayant reçu de nous le baiser de l'amour et échangé nos réciproques recommandations, il nous permit de retourner dans notre patrie. « Au temps donc de l'hiver, nous arrivâmes à Brie. Ensuite nous montâmes les Alpes, blanchies par la neige, tombée cette même nuit, tenant les saintes reliques suspendues à notre cou dans un reliquaire, rendus hardis, moins par la raison que par la foi. Qui, parmi les bons, n'aurait été ému de compassion en voyant des hommes grimper comme des cerfs sur les montagnes et traverser des collines aplanies par la neige ! Qui ne se sentirait rempli d'allégresse, en les voyant sains et saufs, bien qu'ayant logé dans des auberges suspectes et peu sûres ? Quoi de plus... Le perfide

Eccelin étant mort, nous nous hâtâmes, pressant le pas jusqu'à la ville de Vicence, rendus plus agiles par notre précieux trésor. Nous étant donc approchés de la ville en 1260, le clergé et tout le peuple vinrent au devant de nous en s'écriant à haute voix : « Béni soit celui qui vient au nom du Seigneur [1] ».

Barthélemy de Brégance déposa provisoirement les saintes reliques dans la petite église de San-Giuliano. Ce sanctuaire a été démoli en 1694 et il n'en reste aucun vestige.

---

1. IV, Leçon de la Ste Epine.

CHAPITRE VI

Barthélemy de Brégance vient de nous faire, dans un émouvant laconisme, l'humble récit de son périlleux voyage et de son entrée dans sa ville épiscopale. Les chroniques contemporaines nous permettent d'en combler les lacunes et de rapporter quelques détails sur l'intronisation des évêques dans le diocèse de Vicence.

Une imposante procession, composée du clergé, des Ordres religieux, de la noblesse et du peuple, portant des cierges et des branches d'oliviers, venait recevoir le Prélat aux portes de la ville. Celui-ci, monté sur un palefroi, recouvert d'un drap écarlate, se rendait en grande pompe à la cathédrale et de là au palais épiscopal dont il prenait possession selon le cérémonial en usage au moyen âge.

La réception de l'évêque à Barbarano, ville importante du diocèse, était plus solennelle encore. Le peuple l'acclamait sous les titres de comte, duc et roi.

Barbarano éveille de singuliers souvenirs qui en font le siège d'un pouvoir temporel. L'antique château s'élevait sur une colline où malgré l'austère voisinage des monts Euganéens, les habitants trouvaient au printemps, un charmant séjour. Ils voyaient au loin la zône vaporeuse dans laquelle s'endormait Venise, puis l'immense cratère des Euganéens, et par une échancrure des montagnes, de gracieuses plaines bordées par les Apennins. Cette campagne fertile, baignée par la Leona, le Bisato, le Sirone et le Scaranto, est partagée en vastes bois, en prés, vignes et oliviers.

C'est en cette ville à la fois austère et radieuse, que Barthélemy fit son entrée triomphale, monté sur un palefroi richement caparaçonné. Mgr Bortolan, auquel nous empruntons ce récit, présente les seigneurs chargés de tenir les rênes et de porter sa chapelle privée sous les noms d'Arcinto et Guizardo. Le cortège municipal s'avance à sa rencontre tenant les clefs du château. Le même auteur, dans son opuscule intitulé : « Il vescovo di Vicenza », rapporte les détails curieux et vraiment typiques de cette réception épiscopale. Les chasseurs, prêts à partir avec leurs lacets et leurs rêts, les échansons, les maîtres d'hôtel. A ceux-ci revient le soin de la table et le droit de verser le vin dans la coupe épiscopale. Le service personnel du Prélat est fait par un serviteur attitré, qui reçoit en récompense, à Noël, sa fourrure et son manteau à manches. Puis suivent les seigneurs, vassaux du voisinage, venus pour renouveler leurs actes féodaux.

On peut, d'après les souvenirs que l'Italie du moyen âge nous a laissés, supposer le monument qui encadrait ce pittoresque tableau. On voyait d'abord la *curia*, c'est-à-dire le territoire où les paysans fuyaient en temps de guerre, l'enceinte où ils se réfugiaient avec les moissons menacées. Là, ils trouvaient une collégiale avec des chanoines, une vieille église « burgum plebis » et jouissaient d'une sécurité provisoire, derrière les créneaux des murailles, des tours et des ponts-levis. Enfin, au point le plus élevé se dressait le palais épiscopal, avec une dernière enceinte et une tour servant de donjon.

C'est dans l'un de ces monuments du moyen âge que notre Saint pénétra au milieu d'une pompe princière. Les portes du château flanquées de pilastres armoriés le laissent entrer dans une cour qu'entourent de larges arcades et de robustes piliers. Dans un des angles, est disposé un escalier magnifiquement orné « Custodiebant scalam policii ». Barthélemy gravit les degrés et parvient dans sa chambre : « Camerarii custodiebant cameram domini episcopi, quando intrabat terram ». Des gardes devaient l'occuper et assister à son sommeil. Enfin le Prélat s'agenouilla dans la chapelle où il fit dévotement sa première oraison.

Après avoir reçu et béni ses hôtes dans la salle d'audience, l'évêque de Vicence descendit dans la cour pour rendre la justice et appliquer les articles de la loi désignés sous le nom de *libellum castri*. Son autorité n'était cependant pas illimitée, ainsi que le fait observer Mgr Bortolan. L'empereur demeurait le maître. A titre de vassal, le B. Barthélemy devait rassembler les troupes et accompagner le souverain lorsqu'il se rendait à Rome pour se faire couronner. Il n'avait pas le droit d'accroître les impôts, ni d'en prélever de nouveaux. Dans l'angle opposé à l'escalier, se trouvait le banc des juges au milieu desquels figure Barthélemy. Les greffiers occupaient le banc inférieur et leurs registres étaient posés sur des tables de marbre [1].

---

1. Rohault de Fleury, **La Toscane au moyen âge.**

Sur le siège épiscopal, on lisait sans doute une inscription analogue à celle du palais de Pistoie : « ce lieu déteste les méchants et honore les bons [1] ». Nul ne peut douter que le saint ami de Louis IX ne consacra à ce devoir inhérent à sa charge, toute sa sollicitude et que le soin de rendre la justice, ne tint une place notoire dans son excursion à Barbarano, surtout au jour de son intronisation.

Il est difficile d'évaluer aujourd'hui l'étendue des possessions temporelles qui dépendaient de l'évêché de Vicence. Beaucoup de rétributions se réduisaient à de simples services, d'autres en redevances, tels que des animaux, du vin, du grain, des olives, du bois et quelques fermages en argent [2]. Smerego nous présente le B. Barthélemy avec une sorte d'ironie sous ce titre : « Dominus in spiritualibus et in temporalibus ». Todeschini, après avoir étudié avec un soin minutieux les documents contemporains, constate que s'il portait les titres de roi, duc et comte, sa puissance était cependant loin d'être une souveraineté temporelle : « Vicence, dit-il, à peine délivrée de la tyrannie d'Eccelin comprit que sa tranquillité et sa liberté seraient

---

1. Rohault de Fleury, La Toscane au moyen âge.
2. Bortolan, Il vescovo di Vicenza, p. 32.

exposées à succomber sous l'ambition des particuliers ou à la division des partis. Après mûre délibération, elle ne trouva rien de mieux, pour assurer sa sécurité, que de se confier à la tutelle et aux conseils de son évêque, sans changer en aucune manière ses constitutions antérieures. Vicence lui demanda de la guider dans ses délibérations et lui promit son respect dans un serment solennel et sacré [1] ».

Ce texte de Todeschini explique les titres de « rex, comes, duces Barbarani », portés par le B. Barthélemy dans les titres officiels. Calvi fait observer à son tour que ces privilèges ne s'accordaient qu'à des évêques de renom et de grande réputation : « En les concédant, dit-il, la ville ne perdait aucun de ses droits et ne se soumettait à lui que par une volontaire et gracieuse déférence [2] ». On ne peut donc pas attribuer à notre Saint une autorité souveraine, mais une influence prépondérante dans les délibérations de l'État. Toutefois, comme évêque de Vicence, il disposait de certains fiefs en faveur des chevaliers les plus méritants de

---

1. Todeschini, Sulle decime feudali del vescovado di Vicenza, p. 49.
2. Calvi, LV, LVI.

son diocèse. Aussi le voyons-nous assembler ses vassaux le 21 Mai 1260. Après leur avoir rappelé les pactes en vertu desquels ses prédécesseurs avaient concédé des biens à leurs aïeux, il les confirme et leur en octroie de nouveaux, non sans avoir exigé d'eux préalablement un serment de fidélité à la Ste Église [1]. Parmi les nombreux fiefs dont il donne l'investiture, on ne peut passer sous silence celui des biens de Camisano usurpés par les hérétiques à une communauté religieuse. En concédant ces terres à Irech (Enrico) di Borgo, qu'il appelle « son ami très cher », il entend le charger, comme à un zélé propagateur de la foi catholique, de rétablir le culte de J.-C. dans toute sa pureté, en ce lieu profané par les fauteurs de l'hérésie. La charte est datée du 14 mars 1266.

La charge épiscopale était lourde au moyen âge. Les évêques devaient lutter vigoureusement contre la tyrannie des podestats et des seigneurs, afin de défendre les opprimés et les droits de leur Église. Cette nécessité était fâcheuse, car elle les détournait trop souvent de leur vocation, en ralentissant leur élan vers la vie contemplative. Il n'en fut pas ainsi du

---

1. Faccioli, p. 22.

B. Barthélemy et nous verrons grandir sa sérénité, croître sa vaillante humeur, au milieu des soucis de l'épiscopat et des convulsions politiques qui bouleversèrent sa patrie. Dans cette dernière phase de sa vie, notre Saint, malgré ses abaissements volontaires, nous apparaîtra dans toute sa grandeur et vraiment illuminé de surnaturelles clartés.

Son diocèse se trouvait dans un état déplorable. De graves désordres s'y étaient introduits au début du XIIIᵉ siècle. L'évêque Uberto, ayant dissipé les biens de son Église, avait été déposé par le légat Sicardo, évêque de Crémone. Les chanoines reçurent l'òrdre de procéder à une nouvelle élection, mais ils négligèrent ce devoir et le Souverain Pontife se vit contraint de confier le gouvernement provisoire du diocèse à un administrateur nommé Nicolas I Maltraverso, évêque de Reggio et de Modène. En 1219, Gilberto fut élevé au siège de Vicence; mais il ne réussit pas à relever le triste état des finances. Manfred de' Pii lui succéda en 1244. L'histoire nous le présente comme un pasteur éminent, capable de rétablir l'ordre dans les affaires; mais Eccelin l'exila à Modène où il mourut le 30 août 1255, ainsi que nous l'avons vu plus haut [1].

---

1. Moroni, Dizionario di erudizione storico-ecclesiastica T. X, C. IX, p. 221.

Lorsque Barthélemy de Brégance prit possession de son diocèse, la situation s'était encore aggravée par suite d'une longue vacance épiscopale. Elle devenait d'autant plus grave et compliquée qu'Eccelin avait profité de ces troubles pour nommer Gallo del Borgo di San Pietro évêque de Vicence et Jérémie archevêque de la Marche Trévisane. Or, tous deux étaient des hérétiques invétérés de la secte des Patarins. Prendre possession d'un diocèse où l'erreur régnait officiellement semblait téméraire, mais Barthélemy avec cette hardiesse qui caractérise les saints, n'hésita pas à entrer en conférence avec ces hérétiques. Il était d'ailleurs habitué à voir ses prédications fécondées par les miracles et la Providence se montrait trop miséricordieuse envers lui pour l'abandonner en pareille circonstance. Ramener ces sectaires à la foi, semblait impossible, à moins d'une intervention divine, car ils avaient résisté à toutes les censures et aux menaces du roi Charles lui-même, tout puissant alors en Italie. Touron rapporte que Jérémie et Gallus exercèrent son zèle sans pouvoir lasser sa patience. Ce dernier surtout, dit-il, défendit avec beaucoup d'opiniâtreté les dogmes de sa secte dans plusieurs conférences qu'il eut avec le serviteur de Dieu; mais la vérité triompha enfin de l'obstination et de l'erreur. La défaite ou la conversion de Gallus fut comme le dernier coup qui acheva de dissiper, dans la ville de Vicence, le parti des Cathares et des autres ennemis de l'Église [1].

Vicence demeurait néanmoins sous le poids des censures ecclésiastiques, car le podestat, les conseillers, la population elle-même, avait porté aide à Frédéric et à ses enfants, soit par frayeur, soit par suite d'une coupable ambition. Le premier soin du B. Barthélemy, fut donc d'intercéder auprès du souverain Pontife en faveur de son troupeau. Sa prière fut exaucée et Fr. Jean de Verceil, provincial de Lombardie, reçut d'Henri, archevêque d'Embrun, légat du S. Siège, la mission de lever les censures qui pesaient sur Vicence. On s'assembla dans la salle du grand conseil. Fr. Jean assisté de sept prêtres, alla en procession jusqu'à la cathédrale. Arrivés vers l'heure de midi devant la porte de l'édifice, il prononça d'une voix solennelle la sentence d'absolution. Il est difficile de dépeindre la joie du peuple. La foule battait des mains et poussait des cris de joie

------

1. Touron, Disc. de S. Dominique, p. 515.

et de reconnaissance, au dire de Pagliarino, auquel nous empruntons ces lignes [1].

Barthélemy de Brégance ayant pourvu au besoin spirituel le plus urgent de son troupeau, s'occupa ensuite d'en bannir l'oisiveté, en donnant une nouvelle impulsion à l'enseignement public. Sans prétendre mentionner les origines des écoles de Vicence, sujet que le R. Père Denifle a traité avec une si profonde érudition [2], on peut dire qu'après une phase de prospérité, elles avaient vu leur gloire s'éclipser en faveur de Padoue. De graves dissidences ayant éclaté entre les professeurs, ceux-ci s'éloignèrent, portant leur enseignement dans les Universités rivales. Frédéric donna le dernier coup à la gloire intellectuelle de Vicence. Fidèle alliée de la papauté, l'antique cité tenta de résister au tyran, mais il s'en empara par fraude et dans sa colère, il la dévasta. Eccelin acheva son œuvre néfaste et la ruine fut complète. Padoue lui imposa ses recteurs.

Il s'agissait donc de reconstituer l'enseignement scolaire, de l'établir sur de nouvelles

---

1. Pagliarino, Chroniche di Vicenza, p. 68.
2. R. P. Denifle, Die Universtæten des Mittelalters, p. 298.

bases et de le libérer du joug étranger. Telle fut l'œuvre de Barthélemy de Brégance. Après plusieurs mois d'efforts, nous voyons les écoles de Vicence sortir de cet état léthargique et reprendre un nouvel essor. En moins d'un an, l'entreprise fut accomplie, ainsi que le prouvent les documents contemporains. Le premier, daté du 14 août 1261, charge Maître Arnaldo di Gascogna de lire et de commenter les décrétales et le droit canon, en lui assurant 500 livres véronaises de traitement. Le second, daté du 8 octobre, lui adjoint un certain docteur nommé Giovanni. Deux autres chartes suivent, portant les dates du 1er novembre et du 1er décembre. L'une appelle Aldovrando de'Ulciporzi à lire le digeste et l'Inforziato, et l'autre charge un certain Raoul de professer la médecine. Cette rénovation des études scientifiques et littéraires est signalée dans les chroniques contemporaines et le B. Barthélemy se trouve mentionné, non seulement parmi les auteurs qui ont illustré leur patrie, mais encore comme promoteur de cette merveilleuse impulsion donnée aux études en 1261 et comme « Père de la littérature Vicentine [1] ».

Une nouvelle phase de prospérité semblait

---

1. Faccioli, p. 34.

s'ouvrir pour Vicence. Le podestat Aicardino Litolfo relevait le palais de la commune incendié par Frédéric II et songeait à consolider et à étendre ses possessions territoriales. Sans rencontrer de résistance, la république soumit les places fortes qui se trouvaient dans son district et leur imposa un podestat de son choix. S'étant emparé de Marostica, elle prit les mesures nécessaires pour s'en assurer la légitime possession. Mais les plus grands efforts de Vicence furent dirigés vers Bassano qu'elle aspirait à gouverner depuis longues années. Elle ne pouvait se résoudre, dit Verci, qui nous fait ce récit, à voir passer sous la domination des Padouans cette noble et riche province.

Bassano prétendait conserver son autonomie et son libre choix, relativement à l'élection de ses podestats [1]. Vicence ripostait que ce droit lui appartenait en vertu d'une ancienne constitution. Barthélemy, affligé des injures réciproques que s'adressaient les deux républiques, se rendit à Padoue, et grâce à sa pacifique intervention, on décida de remettre ce litige entre les mains de Marco Quirini,

---

1. Verci, Giambattista, nuova raccolta d'opuscoli scientifici, T. XXXVII, p. 24.

podestat de cette ville et de le régler en présence de Giacobinaccio et Pietro Torengo, ambassadeurs de Vicence et de Bassano. La première assemblée se tint à Padoue, le 8 septembre 1261. Notre Saint fut chargé de calmer les dissidents et il ne tarda pas, grâce à son esprit de prudence et de sagesse, à concilier les esprits. Il n'était pas aisé, au dire de Verci, de persuader aux Padouans de lâcher Bassano et il fallut toute l'éloquence de Barthélemy pour les décider à faire ce sacrifice. Toutefois, on posa des conditions, telles que l'abolition des statuts relativement aux mariages, la reddition des possessions territoriales des Padouans sur le territoire de Vicence, l'engagement de laisser le canal de la Brenta exempt de tout péage, etc.

Ces conventions acceptées par les parties belligérantes, Marco Quirini, arbitre de ces débats, proféra la sentence solennellé. Elle portait que la ville de Bassano serait assujettie à Vicence, qu'elle conservait le droit d'élire son podestat pourvu qu'il fût de cette ville, ainsi que les membres du conseil et autres officiers, qu'elle conserverait ses poids et mesures, qu'elle fournirait un contingent aux armées dans les guerres, dans les cavalcades publiques, ainsi que sa contribution dans le rendement des impôts.

La justice criminelle devait cependant s'exercer d'après les lois de Vicence. Enfin, les deux républiques s'engagent à maintenir une paix et une concorde sincères et s'offrent réciproquement le pardon et l'oubli de leurs injures.

Verci raconte que l'allégresse fut inouïe à Vicence. Deux jours après cette proclamation, le podestat, l'évêque, les principaux seigneurs de la ville se rendirent à Bassano et reçurent le serment de fidélité. Puis, Litolfo prit les clefs du château de la ville et les confia solennellement aux conseillers en fonctions. Enfin on laissa des capitaines et des milices chargés de garder la tour du Zirone.

Quelques auteurs font observer combien fut étrange, en cette circonstance, l'attitude de Marco Quirini. En rendant cette sentence si préjudiciable à Padoue dont il était le podestat, avait-il agi dans le secret espoir d'être élevé à cette charge l'année suivante à Vicence ? N'est-il pas légitime de l'accuser d'ambition ? Toujours est-il qu'à la fête de S. Michel de l'année 1260, il fut appelé à cette importante fonction. Aicardino Litolfo voulut cependant, avant de lui céder le gouvernement, resserrer les liens qui l'attachaient à Vicence. En conséquence, il fit épouser à son fils Odelia, fille de Jacques de Brégance, dont nous avons mentionné le nom au début de ce récit, sans pouvoir affirmer le degré de parenté qui l'unissait à notre Saint.

Smerego reproche à l'évêque de Vicence d'avoir encouragé l'ambition de Marco Quirini en contribuant à son élection. Il est certain qu'il usa de son influence en cette circonstance, reconnaissant en lui l'homme politique le plus habile de son temps. Ce choix fut heureux et le même auteur rapporte que le nouveau podestat se montra digne de la confiance de Barthélemy « et qu'il gouverna avec sagesse et équité ».

Dans le courant de cette année 1261, les podestats de Padoue, Vicence, Vérone, Trévise, dans une assemblée convoquée à cet effet, décrétèrent que les biens de la famille Romano, c'est-à-dire d'Eccelin et d'Albéric, reviendraient à leurs anciens possesseurs, sans tenir compte de leurs héritiers. Cette proclamation faite publiquement et juridiquement, semble, au premier abord, peu conforme à la justice; mais elle paraît néanmoins légitime, puisque ces biens avaient été usurpés. Ce décret devint cependant la source de nombreux et regrettables conflits. Barthélemy ne fut pas épargné. Pour une raison qui ne peut être attribuée qu'à une largesse impériale, dont il ne reste

aucune trace dans les documents contemporains, les décimes de Bassano, d'Angarano et de
Cartigliano appartenaient à l'Église de Vicence.
Notre Saint les réclama donc au nom de la
mense épiscopale, mais les Bassaniens, qui se
croyaient libérés de tout tribut par la mort
des Romani, déclarèrent ne pas vouloir s'assu-
jettir à cet impôt décimal. Les violences dont
ils se rendirent coupables en cette occasion,
affligèrent au dernier point l'âme pacifique du bon
évêque. Ne pouvant récupérer les droits de
son Église par lui-même, il conféra ces fiefs
à deux seigneurs puissants, Beraldo Comte de
Vicence et Marcio de Montermerlo.

La charte est datée de la Sainte-Couronne
le 20 octobre 1260. Les témoins portent les
noms de Frederico, Martino, Faustino, Artuzio
et Rodulfo, de l'Ordre des Frères Prêcheurs.
Sa confiance ne fut pas déçue ; ses deux man-
dataires eurent assez d'influence et d'énergie
pour défendre ces fiefs contre les usurpateürs
et les rappeler à leur devoir. Verci nous fait
cependant observer que ces violences exercées
contre le saint Prélat n'étaient pas le fait des
Bassaniens eux-mêmes, mais de quelques particuliers, car Barthélemy ne cessa de leur témoigner une affection toute paternelle et de les
protéger en toutes circonstances, ainsi que le

prouve, entre autres, un document daté du 21 novembre 1262 dans lequel l'évêque, loin de montrer la moindre amertume, adresse aux représentants de la commune les paroles les plus bienveillantes [1].

Barthélemy, désireux de la prospérité matérielle de sa patrie, contribua puissamment à la ligue pacifique conclue entre Venise et Vicence, le 19 juin 1261, ligue qui fut d'une importance capitale au point de vue commercial, car elle libérait de tout impôt les importations et exportations des marchandises sur les fleuves qui traversaient le territoire des républiques alliées.

L'année 1260 demeure célèbre dans les annales dominicaines par la fondation du couvent de la Sainte Couronne. Il semble certain qu'une colonie de Frères Prêcheurs résidait à Vicence dès l'origine de l'Ordre. La chronique de Salimbene s'oppose cependant à cette affirmation dans le texte suivant : « Bartholomæus fuit episcopus terræ suæ et fecit ibi pulchrum locum Fratrum suorum, qui prius ibi non habitabant ». La plupart des auteurs émettent l'opinion contraire, mais ils diffèrent relativement à l'époque de leur fondation et au lieu de leur primitive résidence. Faccioli rapporte

---

1. Verci, Opuscoli scientifici, T. XXXVIII, p. 3.

que dès l'an 1216 les Dominicains furent mis en possession de l'église et de l'hospice de S. Nicolas.

Selon Barbarano, une colonie de Frères Prêcheurs résida à Vicence, dans un simple hospice, jusqu'en 1260, époque à laquelle le B. Barthélemy fonda le couvent de la Ste Couronne. Mgr Gonzati, dans son ouvrage sur la Ste Épine, confirme cette assertion. Se basant sur un instrument daté du 30 juin 1225 : « in porticu Prædicatorum », il rapporte que les fils de S. Dominique, bien que ne possédant ni couvent ni église à Vicence, résidaient antérieurement à l'année 1219, dans une maison transformée en hospice, ou les Frères recevaient l'hospitalité durant leurs courses apostoliques. En 1253, l'évêque Manfred de'Pii, grand ami des Dominicains et prédécesseur de notre Saint sur le siège de Vicence, léguait aux Frères Prêcheurs 500 livres de Modène et quatre anneaux d'or pour l'érection d'un couvent, plus une majeure partie de sa bibliothèque, trésor incomparable au moyen âge. On conçoit que Barthélemy eut à cœur d'assurer à ses Frères une résidence plus conforme à leur vocation et d'élever une église digne de conserver les saintes reliques dont il rêvait de leur confier la garde. Il rapporte dans une des

leçons de la Sainte Épine qu'il choisit à
cet effet, un lieu jadis profané par les hérétiques : « Il y avait à Vicence, dit-il, un lieu
« nommé *il collo* qui, bien que d'une blancheur
« de neige, méritait d'être changé en un meil-
« leur parce qu'il avait été le siège de Satan. Là
« les maîtres de l'erreur avaient versé des paro-
« les empoisonnées aux simples. Sur ce lieu
« donc, avec le consentement unanime des
« citoyens, nous avons fondé en l'honneur de
« la Couronne du Sauveur une église pour
« l'Ordre des Frères Prêcheurs, dont nous
« sommes les disciples, et là, nous avons déposé
« les saintes reliques que nous avions appor-
« tées suspendues à notre cou..... C'est pour-
« quoi là où étaient primitivement les maîtres
« du mensonge, sont actuellement les maîtres
« de la vérité. Là, où en un temps, étaient les
« collines empoisonnées, sont maintenant celles
« du nectar. En effet, l'Ordre des Prêcheurs
« est le cou de l'Époux dont il est dit dans le
« texte sacré : « Ton cou est comme la tour
« de David qui est bâtie avec des boulevards ;
« mille boucliers y sont suspendus avec toutes
« sortes d'armes pour les plus vaillants guer-
« riers [1] ». Et ailleurs : « Ton cou est comme

---

1. V. Leçon de la Ste Épine.

« une tour d'ivoire ». En effet, cet Ordre est
« entouré des boulevards de la sainte doctrine,
« des boucliers des bons exemples, de la can-
« deur des vertus et de l'éloquence des dis-
« cours [1] ».

La construction de la Sainte Couronne fut
l'œuvre capitale de la vie du B. Barthélemy.
L'origine remonte à la fin de l'année 1260.
Marco Quirini ayant assemblé le conseil de la
commune en une sorte de cour plénière, décréta
« l'érection d'un couvent pour les Frères Prêcheurs et d'une église, digne de recevoir le
précieux dépôt des reliques ».

Des contributions furent imposées à tous,
laïques ou ecclésiastiques, même à ceux qui en
étaient exempts, tels que, les magistrats, les
médecins, les professeurs. Guidone Porto fut
chargé d'acheter dans le quartier appelé : « *il
collo* », autant de maisons qu'il était nécessaire
pour construire les édifices projetés. Il remplit
sa mission avec tant de vigilance qu'à la fin
d'octobre, Giovanni Tripolo, vicaire du podestat, put mettre Fr. Jean de Verceil, Provincial
de Lombardie, en possession des terrains et
des maisons destinés à la fondation du couvent
et de l'église. On démolit aussitôt les vieux

---

1. V. Leçon de la Ste Épine.

bâtiments et on commença le nouvel édifice. Barbarano signale parmi ces anciennes constructions la petite église de sainte Croix, centre des assemblées hérétiques ; mais cette affirmation ne repose sur aucun document authentique. La générosité fut grande envers les Frères Prêcheurs. La noblesse eut à cœur de leur témoigner sa reconnaissance en concourant libéralement à leur entreprise, et le peuple, plus généreux encore, donna son travail sans rétribution.

Malgré les ingénieuses recherches des biographes, on ne peut fixer le jour où le B. Barthélemy posa la première pierre de l'église des Frères Prêcheurs, mais il est certain que les bâtiments claustraux étaient assez avancés pour qu'il put, le 14 mars 1261, dater une charte : « in claustro ecclesiæ S. Coronæ », charte dans laquelle il offre au Père Provincial les insignes reliques. Contemporaine de la Sainte Chapelle, l'église de la Sainte Couronne montre l'ardente dévotion de notre Saint, qui fit, pour une épine du Sauveur, autant que saint Louis pour la couronne toute entière. Cette église existe encore, nous en reportons la description à la fin de ce récit, époque à laquelle elle fut achevée et où repose le corps de son fondateur.

Dès la première année, Barthélemy semble avoir prescrit diverses fêtes en l'honneur de la Sainte Couronne. Les statuts de 1264 réglèrent définitivement ces solennités. On décréta que le dimanche des rameaux une procession partirait du couvent, se rendrait à la cathédrale avec la sainte Épine, et qu'après la bénédiction des palmes on la reporterait solennellement à l'église des Frères Prêcheurs. Des documents authentiques rapportent qu'à la messe pontificale, célébrée à la Sainte Couronne, en 1264, Marcobruno devait offrir l'eau à l'évêque pour se purifier les mains, tandis que le seigneur de Costa Fabrica conduisait par la bride le cheval sur lequel était monté le Prélat, recouvert de ses ornements pontificaux et portant la sainte Épine.

La fête solennelle, fixée au dimanche dans l'octave de l'Ascension, se célébrait en grande pompe en présence du podestat, des anciens des villages du district, des prêtres, des Ordres Religieux, avec leurs croix et leurs bannières. La cité s'ouvrait, pour cette fête, à tous les proscrits et exilés, avec des sauf-conduits, durables pour huit jours. Mais le décret stipulait, qu'afin de maintenir le respect dû à cette solennité, on prohiberait les danseurs, les chanteurs, les jeux bruyants des enfants qui

pourraient troubler le recueillement religieux.
Ces statuts furent renouvelés plus tard et don-
nèrent lieu à des réformes successives.

Chiesa e convento dei Domenicani di Vicenza.
Domenico Bortolan.

CHAPITRE VII

Barthélemy de Brégance, ayant consacré l'église de la Sainte Couronne, monument dont la splendeur en fait la digne émule de la Ste Chapelle, entreprit aussitôt la restauration de la cathédrale de Vicence. Pagliarino en attribue la construction primitive à Pierre I de'Scorpioni. Cet édifice, dédié à l'Annunziata, sous le titre de Ste Marie Majeure, fut rebâti en 1247 au dire de Mazzari. Sa coupole date de cette époque. L'église possède une seule nef. Le chœur, d'origine plus récente, est attribué à Jules Romain. La façade, jadis plus élevée, fut reconstruite en 1701 en marbres rouges et blancs.

Une restauration s'imposait en 1261, car l'édifice demeurait profané et dévasté par l'impiété d'Eccelin. Dirigée par l'évêque, dont l'activité semblait s'accroître avec les années, l'entreprise fut exécutée avec une telle rapidité, qu'il put, le 31 août 1262, procéder à une nouvelle consécration. Toutefois il jugea ces réparations insuffisantes et par une charte datée du 27 avril 1263, il attribua les décimes de San Sisto et de San Floriano di Sarego à l'entretien du majestueux édifice. Trois années s'écoulent et le B. Barthélemy, poursuivant le même dessein, proposa à la commune d'embellir les alentours de la cathédrale et d'y élever un baptistère. Pour parvenir à ce but, il fit insérer, dans les statuts de 1264, que ce monument serait érigé sur la place, entre l'église, le campanile et l'évêché. Tel est le noble projet conçu par notre Saint et dont la mort a entravé l'exécution.

Après avoir pourvu au culte divin, Barthélemy de Brégance déversa son zèle sur le clergé dont il devenait le père et l'ami. Au premier rang des ministres de Dieu dont la situation était fort précaire, se trouvaient les chanoines. Un grave conflit s'était élevé entre eux et la commune au sujet des décimes dûs au chapitre. Nommé arbitre dans cette affaire, il trouva, par une habile transaction, le moyen de rétablir la paix. Voici quelques fragments dé la sentence portée par lui et écrits de sa main : « Les décimes, dit-il, doivent être payés

« aux ministres de Dieu, afin qu'ils puissent
« le louer dans son temple, suppléer à l'indi-
« gence des pauvres, réparer les ruines de
« l'église, entretenir les vases sacrés et admi-
« nistrer les sacrements avec la décence qui
« leur convient. Il ne faut pas les forcer de s'em-
« ployer aux travaux séculiers afin de pourvoir
« aux nécessités de leur existence, ni de
« gagner leur vie péniblement par le travail de
« leurs mains. Depuis un grand nombre d'an-
« nées, les décimes de la culture n'ayant pas
« été payées au clergé, celui-ci est dans une
« extrême pauvreté, de telle sorte que les égli-
« ses paroissiales, veuves de pasteurs, n'ont
« plus personne pour administrer les sacre-
« ments aux vivants, ni pour enterrer les morts.
« C'est pourquoi Frère Barthélemy, évêque de
« Vicence, afin de soulager son bien-aimé
« clergé et de détourner la colère de Dieu,
« choisi comme arbitre entre Dom Bonifacio,
« prévôt et Giovanni Trepolo, vicaire de Marco
« Quirini, podestat, prononce la sentence sui-
« vante qui n'est autre qu'une transaction ami-
« cale entre les parties ».

Les décrets, rendus en cette circonstance,
sont d'un médiocre intérêt. Il suffit de constater que le clergé rentrait en possession des
décimes, moyennant certaines redevances peu

onéreuses et qu'une somme d'argent devait être versée par la commune, pour les frais du culte. La sentence portée par l'évêque, fut accueillie avec enthousiasme et toutes les personnes présentes déclarèrent y adhérer pleinement. L'instrument porte le nom de Maître Pileo, notaire et la date du 21 août 1261. En 1270, nous verrons notre Saint posé en arbitre au sujet de la même affaire et trancher les questions pendantes' avec une sagesse, digne de l'admiration de ses contemporains.

Restait un important devoir à remplir envers le clergé, celui de l'élever à une hauteur intellectuelle et morale digne de sa mission. Barthélemy se réserva cet office comme une obligation très douce à son cœur. Cependant, afin de le suppléer, durant ses visites pastorales, il créa à Vicence la *lettoria pontificale,* ce qui signifie, d'après du Cange : « *Officium lectoris, seu professoris theologiæ in collegio canonicorum* ». Un document conservé à la chancellerie épiscopale, nomme Fra Pietro da Reggio, des Frères Prêcheurs, comme ayant occupé à cette époque la chaire de théologie, au palais de l'évêché.

Barthélemy de Brégance prit, de 1261 à 1263, une part active aux affaires de l'État et l'histoire conserve des traces précieuses de son influence. Il pourvut d'abord à l'affermissement de la paix entre Vicence et Bassano et dicta une transaction amicale entre les deux communes, le 24 décembre 1261. Ce décret porte que la municipalité de Vicence concède à celle de Bassano le droit d'imposer des contributions aux citoyens, afin de pouvoir s'acquitter des impôts dûs à Vicence. Ce document présente un grand intérêt au point de vue des relations établies entre les deux républiques et prouve que la sujétion de Bassano était un mélange de liberté et de dépendance. Toutefois un nouveau débat s'éleva bientôt, ainsi que le rapporte Verci dont nous tenons ce récit. Bassano s'était soumise à Vicence relativement aux guerres, aux cavalcades publiques et au rendement des impôts, mais ce serment ne comportait nullement l'obligation de construire des édifices publics. Or, le syndic de Bassano, nommé Ottolino, se plaignit amèrement de ce que le podestat de Vicence eut ordonné à Toto Consolo de bâtir un palais dans cette ville. Déjà, dit Verci, on pouvait entrevoir de graves désordres, quand le B. Barthélemy s'interposa entre les partis et fut choisi pour médiateur. Il s'aboucha donc avec les représentants de la commune de Bassano et leur persuada d'adhérer aux désirs des Vicentins : « Bâtissez cet édifice, leur dit-il, non parce que vous y êtes forcés, mais du moins pour satisfaire à la volonté de votre évêque : pro gratia et amore [1]. »

Cette paternelle exhortation apaisa le différend, mais la querelle s'envenima peu après et en 1267 les Bassaniens firent une nouvelle tentative pour se soustraire à la domination de Vicence. Padoue, choisi comme arbitre, envoya ses ambassadeurs à Vicence, la priant de choisir quelques hommes sages et désintéressés pour examiner l'affaire. Dans cette nouvelle assemblée où figure le B. Barthélemy, on décréta que les Vicentins ne devaient pas outrepasser leurs droits, ni exiger plus que ne le comportaient les conventions réciproques. S'ils désirent davantage, ils devront le demander « cum precibus et amore [2] ».

Grâce à la vigilante sollicitude du B. Barthélemy, une paix profonde régna alors entre Vicence et Padoue. Verci cite comme un fait inconnu à cette époque, le rétablissement de la sécurité sur les routes publiques et la libre circulation des marchandises, source de la prospérité des peuples.

---

1. Verci, Notizie di alcuni vescovi di Vicenza, p. 23.
2. Verci, Opuscoli scientifici, T. XXXVIII, p. 19.

L'évêque de Vicence, dont l'esprit de droiture et de conciliation était connu, fut encore appelé à négocier une transaction entre Azzo VII, marquis d'Este et cette ville, au sujet de la possession d'Este, de Calone et de Montagnana.

Vers la même époque, la présence de Barthélemy est signalée dans une assemblée pacifique, où son influence apparaît dans toute sa grandeur. Une imposante confédération, tenue à Padoue, présidée par le podestat de cette ville en présence de ceux de Vicence et de Trévise et de leurs ambassadeurs respectifs, déclara s'unir dans une ligue offensive et défensive. Ils prêtèrent serment d'amitié, de fraternité, de secours mutuel et prirent des mesures efficaces pour assurer cette union et la rendre perpétuelle. Enfin, ils jurèrent de s'opposer à toute domination contraire à leurs constitutions. Les Vicentins offrirent alors un grand spectacle. Jugeant que cette sentence portait atteinte à l'autorité de leur évêque, ils protestent et dans un élan d'amour envers Barthélemy, ils déclarent lui conserver une part prépondérante dans les délibérations de l'État. Les décrets de cette assemblée furent accueillis à Vicence avec des transports d'allégresse et notre Saint, désireux d'en assurer la stabilité, ordonna aussitôt des processions d'actions de grâces.

Giovanni Gradinegro fut élu podestat le 29 septembre 1261, grâce à l'influence du B. Barthélemy. Smerego, toujours enclin à la malveillance contre l'évêque de Vicence, reconnaît cependant que ce choix fut heureux. « Son gouvernement fut propice, pacifique, favorisé par une grande abondance. Le nouveau podestat, dit-il, se montra, en toute occasion bon et fidèle. »

C'est en l'année 1262 qu'Ughelli et après lui, divers auteurs, rapportent le fait vraiment fabuleux de l'élection du B. Barthélemy au vicariat de l'empire. Rodolphe l'aurait honoré de ce titre, ainsi que l'archevêque d'Aquilée, les chargeant de préparer sa venue en Italie et son couronnement à Rome. Mais, ainsi que le fait observer Touron, ces savants auteurs commettent, en émettant cette opinion, une grave erreur chronologique, car Rodolphe ne monta sur le trône qu'en 1274, c'est-à-dire quatre années après la mort de notre Saint [1].

Nicolo Bagalesi succéda à Gradinegro le 29 septembre 1262. Cet homme violent et cruel ne dut son élection qu'aux membres les plus exaltés du parti Guelfe. Il s'engagea préalable-

---

1. Touron, Disc. de S. D., p. 516.

ment à détruire les Gibelins et ne suivit que trop fidèlement le programme. Il commença par citer en sa présence tous les partisans de l'empereur. Quelques-uns, au lieu d'obéir, se réfugièrent au château de Valdengo. Le podestat s'en empara et les mit à la torture. Les Religieux parcoururent alors les rues, exhortant les Gibelins à la fuite. « Si vous obéissez, disaient-ils, vous êtes morts ». Le conseil était bon et fut suivi. Beaucoup sauvèrent leur vie en quittant Vicence, d'autres furent bannis, leurs biens furent dévastés et la cité se trouva selon l'expression de Smerego « in malo statu ».

Verci, auteur si profond, si compétent, qui rapporte ces faits, recherchant la vraie origine de cette persécution, la trouve dans une lettre d'Urbain IV, ordonnant de sévir vigoureusement contre les villes demeurées fidèles au parti Gibelin. Un fait que les historiens ont négligé et qui jette pourtant une vive lumière sur la responsabilité qui incombe à chacun, est l'élection du cardinal Simon de Paltinieri à la fonction de légat apostolique, avec l'ordre formel d'exercer une sévère répression contre tout adhérent du parti impérial.

Forcé de sévir à Vicence, il est hors de doute que le cardinal, pour accomplir son mandat, dut contribuer aux violentes mesures prises par le podestat. Il est incontestable, que durant son séjour à Vicence, sa résidence fut l'évêché, non seulement à titre de légat, mais encore à cause de sa parenté avec Barthélemy. La mission du légat fut un prétexte suffisant pour permettre à Bagalesi de donner un essor nouveau à sa cruauté naturelle. Il semble donc que l'évêque de Vicence ait laissé au podestat et au légat, dépositaires de l'autorité civile et religieuse, le soin d'accomplir la douloureuse mission qui leur incombait. Sa compassion pour les persécutés, ressort même de son attitude silencieuse à leur égard. N'est-ce pas sous le regard approbateur de l'évêque, que les moines de S. Dominique, ses Frères et ses fils les plus obéissants, parcourent la ville, exhortant les Gibelins à la fuite et qu'ils parvinrent à en sauver un très grand nombre? Or Barthélemy, loin de réprimer ce zèle, semble l'encourager et son silence ne peut-être interprété que pour une approbation tacite. Pouvait-il agir ouvertement, sans résister aux injonctions du Souverain Pontife?

La situation devenait fort délicate. D'une part, la puissance du podestat, s'appuyant sur les ordres formels du Pape, dont l'exécution était confiée à un prince de l'Église, membre de sa famille, de l'autre, son esprit de conciliation et son amour pour la justice. Barthélemy oscillait évidemment entre l'obéissance et la miséricorde. Il est donc probable qu'il fut le témoin muet et désolé des cruelles sentences que Bagalesi ne craignit pas de rendre jusque dans son palais épiscopal.

Ce douloureux spectacle eut pour effet d'éloigner Barthélemy de Brégance des affaires politiques. Las des luttes incessantes et de l'humeur turbulente de ses compatriotes, il résolut de se retrancher dans les devoirs de sa charge épiscopale en attendant l'heure bénie où, libéré de ses chaînes, il pourrait enfin rentrer dans son cloître. Mais avant de se dégager des affaires civiles, il résolut de tenter un nouvel effort pour le maintien de la concorde et de la paix. En conséquence, et afin d'éviter à l'avenir toute cause de litige entre les citoyens de Vicence, il fit en 1264, renouveler les statuts de la municipalité. On les consigna ensuite sur trois livres, dont l'un demeura dans les archives de la Ste Couronne, le second fut confié aux Frères de S. Barthélemy (chanoines de S. Marc de Mantoue) et le troisième fut conservé dans la chambre de la commune [1].

---

1. Faccioli, p. 35.

Cette promulgation des statuts de Vicence semble le dernier acte politique dont notre Saint ait pris l'initiative. Dès lors, son nom disparaît peu à peu des actes officiels et il ne figure plus qu'à titre d'arbitre, de promoteur de la paix et de l'unité. Son influence passe entre les mains des légats apostoliques ainsi que le prouve la nomination de Giacobino de'Trotti, de Ferrare, qui succéda à Bagalesi.

La responsabilité de cette élection retombe sur Simon de Paltinieri. Le gouvernement du nouveau podestat fut éphémère et troublé par des discordes civiles toujours croissantes. Les exilés Gibelins s'emparèrent de Marostica, de Tiene, et d'Isola, et menacèrent Vicence; mais la ville était en proie à une telle anarchie, qu'elle dut recourir à Padoue pour obtenir un secours efficace. Son espoir ne fut pas déçu. Le podestat de cette ville se hâta d'envoyer ses plus valeureuses milices qui prirent sous leur protection la cité et les forts. Puis il déposa Giacobino et lui donna Rolando di Englesco pour successeur. Celui-ci gouverna sagement. Il récupéra les biens usurpés à la commune, fit des statuts importants pour la conservation des chartes et restitua aux Gibelins les biens dont ils avaient été dépouillés injustement.

Ughelli place en 1264 l'élection du B. Barthélemy au patriarcat de Jérusalem. Ce fait demeure obscur et fort contesté. Il semble inadmissible, si l'on consulte les cartulaires de Vicence, qu'il put s'absenter de son diocèse durant son épiscopat, car ils reproduisent chaque année, sans interruption ses actes de juridiction.

Touron présume que l'épitaphe de son tombeau peut avoir servi de fondement à cette opinion : « Daniel Pabebrock, dit-il, l'a suivi dans son catalogue des patriarches de Jérusalem. Si l'on en croit ce savant critique, le pape Urbain IV l'an 1264, donna le soin de cette Église au B. Barthélemy de Brégance, qui s'y rendit incessamment et en conserva le gouvernement pendant deux ans, après lesquels, de retour en Italie, il abdiqua entre les mains de Clément IV et fut rétabli sur son siège de Vicence qui vaquait en 1266; mais, ajoute-t-il, outre que nous ne trouvons aucune bulle de ces deux papes pour prouver cette double translation, le silence de la plupart des historiens qui ont parlé de notre évêque, sans faire aucune mention de ce fait et les difficultés que quelques autres ont proposé pour le détruire, peuvent nous le faire regarder au moins comme fort douteux [1].

---

1. Touron, p. 516.

Il semble cependant qu'on puisse expliquer cet événement en le reportant quelques années plus tôt, c'est-à-dire durant l'épiscopat du B. Barthélemy en Chypre, époque à laquelle le siège de Jérusalem était vacant, d'après « l'Oriens Christianus ». Barthélemy aurait donc cumulé la fonction honorifique de patriarche avec celle d'évêque à Limassol.

L'année 1265 fut néfaste pour Vicence. Le 12 février Gabriel Guidone di Nigro, fut élu podestat, mais il n'eut pas la sagesse de son prédécesseur et sa rigueur lui aliéna tous les esprits. Il ne craignit pas de faire emprisonner un grand nombre de seigneurs et de bourgeois dans la tour dite « del Girone », sous prétexte de rébellion, mais en réalité pour assouvir ses vengeances personnelles. Une sentence de mort était même portée contre eux, mais Guidone, comte de Vicence, s'y opposa avec une telle force que le podestat dut surseoir à l'exécution de ces infortunés. Une telle cruauté avait d'ailleurs soulevé l'indignation générale et le conseil des anciens résolut d'envoyer le comte Egone d'Arzignano à Padoue pour se plaindre et exiger la libération des prisonniers. Homme doué d'une énergie extraordinaire, il se présenta hardiment devant le conseil, le menaçant, s'il ne faisait prompte justice d'un si grand forfait, d'anéantir à lui seul les serments qui liaient les deux républiques. Ces fières paroles émurent l'assemblée, mais au lieu de réprimer ces désordes, elle se contenta de faire un décret punissant de la peine de mort tout citoyen de Vicence qui tenterait d'amoindrir sa domination sur cette ville. Le Comte Egano quitta Padoue et, après avoir donné les preuves d'un si grand dévouement, il abandonna dès lors les intérêts de sa patrie pour servir sa propré ambition. Il résolut de reprendre son château patrimonial, gardé au nom de la commune. Il le surprit, s'en empara, résista aux Padouans, qui, sortis de leur apathie, avaient expédié leurs troupes contre le fougueux seigneur. Son activité et son audace firent face à tous les assauts. Les Vicentins et les Padouans se virent forcés de renoncer à leur entreprise.

Le podestat Guidone, tout entier à ses rancunes personnelles, s'occupait peu des graves intérêts confiés à ses soins, aussi la population exaspérée l'obligea-t-elle à renoncer à son mandat administratif avant son expiration. On rapporte que le B. Barthélemy, par un effet de sa condescendance, l'invita à dîner, la veille de son départ, espérant ainsi amortir sa haine contre les Vicentins. Mais en rentrant chez lui, il fut assailli par ses ennemis personnels, blessé à la bouche et ses amis furent maltraités. Il quitta Vicence, malgré les efforts de l'évêque, bien résolu de se venger de la république.

Les Vicentins, dont l'inconstance et l'humeur changeante, ne pouvaient supporter longtemps la même domination, élurent alors Marco Quirini, grâce à l'influence de Guidonis de Vivario. Mais il ne put résister au parti Gibelin qui se fortifiait et menaçait la cité elle-même. A sa tête figurent l'ancien podestat, puis Artuzio di Vivaro, Alberto Zotto, Aicardino Campo Nigro. Les fédérés s'emparent de Brégance, Magre, Belvicino, pendant que les Véronais, profitant du désarroi des Guelfes, occuppent Montebello, Montecchio, Lonigo et plusieurs autres villes importantes. La situation des Guelfes, malgré leur vaillance devenait grave et les finances demeuraient dans un état déplorable. Marco Quirini, en diplomate avisé, écrivit alors aux Bassaniens, leur représentant la position lamentable de Vicence et les priant affectueusement de verser leur tribut en une seule fois, afin de leur permettre de prévenir un désastre certain. Cette prière légitime fut exaucée et le 1er mai, les Bassaniens offrirent le total de la somme annuelle. Marco Quirini organisa aussitôt la défense et une armée fut expédiée pour assiéger Belvicino. Pendant ce temps les Véronais, toujours désireux de s'enrichir des dépouilles de leurs voisins, surprirent le château de Vicence et demeurèrent maîtres de la ville [1]. Les Guelfes n'eurent alors d'autre ressource que de recourir encore une fois aux Padouans. Ceux-ci, dont la rancune cédait à l'ambition de dominer, ne se firent pas prier et leurs milices chassèrent rapidement les envahisseurs. Marco Quirini ayant réclamé les clefs des portes de la ville, ces dangereux protecteurs prétendirent qu'après en avoir délibéré avec leur conseil, ils devaient les conserver afin d'assurer la paix à la cité. C'était une injure grave faite à la dignité prétoriale et Marco Quirini jugea son honneur compromis.

Les Padouans, en hommes habiles, sentirent la justice de cette réclamation, et redoutant la colère du riche et noble vénitien, aussi bien que sa vengeance, ils ménagèrent son amour propre et achetèrent sa retraite à prix d'argent. Le Conseil de Padoue élut un procurateur avec pleins pouvoirs pour lui donner toutes

---

1. Barbarano, Historia ecclesiastica di Vicenza, p. 135.

les compensations dues à cette injure. Marco Quirini, adroit autant qu'intéressé, voyant l'impossibilité de se maintenir à Vicence accepta cette transaction, s'engageant loyalement à oublier cet affront et à ne molester en rien la république. Il quitta son gouvernement à la S. Martin [1].

Vicence paya cher les services des Padouans. Victorieux des Véronais, rentrés en possession des châteaux usurpés, ils entendaient les conserver, ou tout au moins ne s'en défaire qu'après avoir obtenu une domination absolue sur Vicence. On lui imposa le podestat Enrichetto Capodivacca, tout en maintenant les droits juridiques de la république et les honneurs dus à la cité. Alberto Mussato définit cette sujétion en disant que Vicence « s'était donnée à la garde de Padoue et non à sa domination ».

Cependant ces nouveaux maîtres cherchent aussitôt à consolider leur souveraineté; ils demeurent en possession des forteresses, construisent deux places fortes, l'une au pont degli Angeli, l'autre au pont de Piancoli, et leur domination, devient au dire de Smerego et de

---

1. Barbarano, p. 135.

Barbarano, « plus tyrannique encore que celle d'Eccelin ».

Le gouvernement d'Enrichetto fut relativement pacifique. Verci mentionne à ce sujet une erreur de Smerego qui place ce fait deux années plus tôt, c'est-à-dire en 1265. Le même auteur nous raconte qu'on profita de cette tranquilité pour fortifier les frontières. Vicence acheta la rocca di Montebello à Gilberto di Maltraverso, seigneur de ce lieu, puis Angarano, Fantaniva, la rocca di Simone et diverses forteresses, situées aux limites de la Province.

Marsilio de Carrara fut élu Podestat en 1267 et Bon Francisco di Guarnarini lui succéda l'année suivante. Durant ces années notre Saint se mêla peu aux événements politiques. Vicence était d'ailleurs soumise au joug très dur des Padouans et sa turbulente humeur était réprimée à la première tentative de révolte. Elle dut encore subir la perte de sa suprématie sur les Bassaniens. Padoue agit ici en véritable tyran. Méconnaissant les droits acquis à Vicence, elle envoya à la commune un syndic pour lui signifier qu'elle n'aurait désormais à rendre des comptes qu'à Padoue, qui, en retour de son obéissance, s'engageait à la secourir et à la défendre. Les Vicentins, au dire des vieilles chroniques, qui rapportent ces faits, « frémirent de rage, mais ils durent se contenir ».

Barthélemy de Brégance se rendit à Bologne le 5 juin 1267 afin d'assister à la translation des reliques de S. Dominique. Nous avons raconté dans la vie du B. Jean de Verceil, cette importante solennité. Le tombeau, chef-d'œuvre de Nicolas de Pise, a été décrit d'après le savant ouvrage du R. Père Berthier en offrant un essai de restauration dû à M. Georges Rohault de Fleury. Il suffit donc de rappeler ici que Barthélemy fut chargé de prêcher au peuple et de promulguer les indulgences concédées par le métropolitain. Lui-même a laissé un compte-rendu authentique de cette solennité. Il nous apprend qu'en présence des évêques de Bologne, d'Humana (ville aujourd'hui détruite) de Trocello, du Podestat Yves de la Tour, du Capitaine Ginesto de Pontecarraro, de tous le chapitre des Frères Prêcheurs, Philippe, archevêque de Ravenne, retira de l'ancien tombeau en marbre les restes de S. Dominique, fit baiser sa tête à tous les assistants, et replaça les reliques dans un cercueil de cyprès, qui fut déposé dans le nouveau sarcophage, après qu'on eut

fait constater à tous que nulle fraude n'avait été commise au sujet des reliques [1]. Barthélemy de Brégance monta alors dans une chaire très élevée à l'entrée de l'église et, pour satisfaire la piété des fidèles, il fit une touchante apologie de celui auquel il avait voué dès son enfance une si filiale tendresse. « Ce discours existe encore, ainsi que le rapporte le R. Père Berthier. Il est dans le goût du temps, brodé d'une manière fantaisiste sur les textes sacrés, exprimant d'ailleurs des vérités excellentes. Il s'adresse au Chapitre Général, fait beaucoup d'allusions aux lois dominicaines, puis parle des trois tombeaux successifs et devient véritablement éloquent en face des sculptures de Nicolas Pisano [2]. Il rappelle les deux translations des reliques de S. Dominique. « La pre-
« mière avait été fameuse par l'odeur des par-
« fums qu'avaient répandus les restes du
« Fondateur, la seconde resterait encore plus
« célèbre en raison des miracles par lesquels
« la bonté de Dieu s'était plue à manifester la
« gloire de son serviteur. Le premier tombeau
« fut de briques, le second en pierre et sans
« sculptures, le troisième en marbre et sculpté.

---

1. R. P. Berthier, Le tombeau de S. Dominique, p. 14.
2. R. P. Berthier,   ibid.

« Si les hauts faits des tyrans, destinés trop
« souvent à nuire, sont sculptés sur des colo-
« nes et des portiques, combien plus les
« actions admirables de cet homme devaient-
« elles être à jamais rappelées à la mémoire
« de ses fils pour leur bien et leur bonheur !
« Voici donc, mes Frères, que ces œuvres glo-
« rieuses de notre Père sont sculptées dans ce
« monument qui rappelle la pureté de son
« cœur et de son corps, la générosité de sa
« piété, sa miséricorde, sa justice et toutes ses
« vertus. C'est pour vous que sont ces sculptu-
« res si vous imitez notre Père ; contre vous,
« si par malheur vous ne le suivez pas. Honte
« à qui viendrait à dégénérer, honneur à qui
« l'imitera. Si vous l'imitez, elles rendront
« témoignage pour vous, sinon, contre vous ».
Puis s'adressant à la foule, il lui présenta, au
milieu des cris de joie, des larmes et des accla-
mations les reliques de S. Dominique : « Oui,
« s'écria-t-il, voici que les ossements de notre
« Père ont donné toute leur floraison. O fa-
« mille des Prêcheurs ! les bénédictions de son
« Fondateur ont été comme celles des anciens
« Patriarches. Le Dieu qui a su préserver de
« la corruption le corps du Christ au tombeau,
« a su préserver les ossements de S. Domini-
« que et leur donner le parfum, symbole des

« vertus de notre Père. La bonne odeur qu'ils
« répandent aujourd'hui, n'est qu'un symbole
« de la bonne odeur des vertus que vous
« répandrez à votre tour dans le monde
« entier [1] ».

Cette solennité dominicaine fut visiblement
bénie du ciel, ainsi que nous l'avons déjà
constaté. Une vieille chronique rapporte qu'on
vit briller sur l'église de S. Nicolas une mysté-
rieuse étoile qui disparut dès que le corps de
S. Dominique fut renfermé dans le tombeau [2].

---

1. Sebastianus de Olmedo, O. P. Chronica Ordinis.
2.   Ibid.

CHAPITRE VIII

EXTENSION DES ORDRES RELIGIEUX

DÉVOTION A LA Ste VIERGE

BULLES PONTIFICALES

TESTAMENT ET MORT DU B. BARTHÉLEMY

Barthélemy de Brégance revint dans son diocèse après la clôture du Chapitre général de Bologne, dont la première session avait coïncidé avec la translation des reliques de S. Dominique. Ses dernières années s'écoulèrent à Vicence, consacrées exclusivement aux devoirs de sa charge et à l'extension des Ordres Religieux. Parvenu à la fin de sa carrière sacerdotale, il jouissait enfin du fruit de ses longs travaux. A la Sainte Couronne, il venait de dédier un temple magnifique ; à l'Ordre des Frères Prêcheurs, il avait élevé un vaste couvent, dont les vestiges témoignent encore la primitive grandeur. Toutefois ces œuvres, qui eussent suffi à immortaliser sa mémoire, ne contentaient pas encore les désirs de son cœur. Notre Saint rêvait d'assurer à ses Frères une seconde résidence à Vicence et dès l'année

1266, il les mit en possession de l'église de S. Dominique, en la dotant de ressources suffisantes pour entretenir le culte divin.

Le B. Barthélemy étendit plus loin sa tendre sollicitude pour sa famille religieuse. Pouvait-il négliger les filles de S. Dominique et, après avoir puissamment contribué à l'érection de leur couvent, n'est-ce pas à elles qu'il dédia son traité sur la virginité ? Sa parole qui ébranlait les foules depuis quarante années ne devait-elle pas réserver à cette élite de son troupeau ses accents les plus purs ? N'était-il pas lui-même de ces âmes demeurées étrangères à la terre et que le paradis ne lui prête selon l'expression de S. Grégoire, que pour y répandre leurs parfums ? Ce traité est un des plus délicats qui soient sortis d'une plume sacerdotale. Commentant les paroles du Christ au Calvaire, le B. Barthélemy démontre « que la méditation des souffrances de leur très doux Époux doit être leur occupation la plus chère et leurs plus chastes délices. Cette union avec le Bien-Aimé leur fera chérir le silence, la retraite, la mortification des sens, l'humilité, les lectures spirituelles, la psalmodie, le travail ».

Dès le début de son épiscopat, nous voyons encore le B. Barthélemy déverser son zèle sur les chevaliers de l'Ordre de la glorieuse Vierge Marie, dont il avait jadis élaboré les constitutions en fondant la milice de Jésus-Christ.

Cette œuvre de sa jeunesse, que nous avons vue si prospère à Parme en 1235, s'était éteinte peu après son départ. Giovanni de Schio, désireux de la raviver, résolut de l'établir sur de nouvelles bases. Il envoya en 1256, une ambassade au pape Alexandre IV, en le priant de l'ériger en Ordre Religieux. Conformément aux décrets du concile de Latran, qui interdit toute innovation dans la vie monastique, on choisit la règle de S. Augustin, à laquelle furent adaptées les constitutions particulières de la milice. Les prêtres et les clercs, astreints aux vœux religieux, furent admis à titre de conventuels.

L'approbation pontificale, ayant encouragé l'œuvre naissante, les Frères se multiplièrent au dire de Salimbene « sicut panis in manu famelici [1] ». Mais la prospérité engendra la décadence. La nouvelle milice s'enrichit et oublia que « ce qui sied le mieux à la chevalerie, l'arôme qui la conserve le plus sûrement, c'est la pauvreté [2] ». C'est peut-être à ce déclin

---

1. Salimbene, Chronica, p. 241.
2. Léon Gautier, p. 91.

momentané que l'on doit attribuer le surnom
de *Gaudenti*, dont on les gratifia et qui devint
populaire au point d'être enregistré dans les
diplômes des princes, dans les sentences judi-
ciaires, dans les testaments et jusque sur les
pierres sépulcrales.

Toutefois, il importe de constater que les
bulles pontificales s'abstiennent de leur donner
ce nom, soit à cause du respect qu'elles portaient à cette milice, soit pour éviter de la
confondre avec une secte d'hérétiques (Gaudenti ou Fraticelli) récemment condamnée
par l'Église.

La prospérité des nouveaux chevaliers excita l'envie, aussi les trouve-t-on mentionnés
dans les anciens documents sous les noms de
*Frati allegri, Frati del buon tempo, Cava-
lieri della Giubilazione*, etc. Envisagé au
point de vue humain, leur sort semblait
enviable en effet ; car à l'exemption de tout
tribut, de toute charge publique, ils joignaient
encore la noblesse et les biens de la fortune.
Salimbene, chroniqueur si fin et si judicieux,
énumère avec cette pointe de malice qui lui
est familière, les griefs dont ils furent l'objet.
Urbain IV mit fin à ce relâchement en leur
imposant une règle définitive. Il leur confirma
les exemptions et les privilèges accordés anté-

rieurement et leur donna le nom de *Chevaliers de l'Ordre de la glorieuse Vierge Marie.*

Ruffino Gurgone, frère mineur, présida la première assemblée qui se tint à Bologne le 25 mars 1261, malgré les censures ecclésiastiques qui pesaient sur la ville. Dès lors les chevaliers se montrèrent dignes de leur vocation et la vieille chronique de Giovanni de Mussis fait une touchante description de leur charité : « ils avaient pour office, dit-il, de porter les aumônes aux pauvres honteux et se consacraient, en temps de paix, aux œuvres de miséricorde. On les voyait chaque jour visiter les prisonniers, faire le lit des pauvres et préparer eux-mêmes le pain et la viande pour apaiser leur faim, le drap pour les vêtir ». Salimbene s'est donc montré un censeur trop rigide et on peut affirmer, en se basant sur les documents contemporains que, dès l'origine, les chevaliers furent chargés de gouverner de nombreux hôpitaux, tels que ceux de Crême, Sonciano, Bologne, Faenza, etc.

Fondée à Vicence par Fra Bene, la milice rendait d'éminents services à la cité et ses membres portaient le surnom de *protecteurs des veuves et des orphelins.* Il s'agissait donc d'étendre leur champ d'action, d'exciter leur zèle et de multiplier leurs résidences. Le B.

Barthélemy, pour une raison demeurée obscure, résolut de les mettre en possession de l'antique monastère bénédictin de San Pietro in Piano. Il se rendit donc auprès de l'abbesse, que les chroniques appellent « Sœur Marguerite », et lui persuada de céder son couvent aux chevaliers, lui assurant en échange la possession légitime d'un lieu appelé « la Scaletta » situé dans le voisinage du mont Berico où se trouve le sanctuaire dédié à la Sainte Vierge. Il s'engagea, en leur nom, à donner annuellement à la Toussaint cinq deniers Véronais, un cierge de cire, un pain et une ampoule de vin. L'abbesse agréa la proposition, mais par suite d'un délai inexpliqué, il semble que la prise de possession ne fut effectuée qu'en 1270, ainsi que le prouve la charte de cession, écrite au nom de Fra Giovanni di Fantoino. Le B. Barthélemy figure à cette investiture, reçoit personnellement les clefs du monastère et les remet lui-même entre les mains du Prieur des chevaliers. San Pietro in Piano devint ainsi la résidence des Religieux conventuels de Sainte Marie Glorieuse.

L'évêque de Vicence s'occupa ensuite des chevaliers qui, demeurant engagés dans les liens du mariage, se trouvaient sans occupation en temps de paix. Afin de prévenir l'oisiveté, cause inévitable de relâchement, il pensa leur confier le soin des infirmes. En conséquence, notre Saint les investit en 1264 de l'église S. Nicolas, à laquelle se trouvait annexé un hospice consacré aux « Malsani o leprosi ». Ceux-ci furent transférés dans la suite à saint-Lazare. Le B. Barthélemy, ne pouvant, malgré sa prodigieuse activité, se dévouer personnellement au soin des infirmes, chargea Fra Bene de le suppléer et le nomma Prieur de S. Nicolas. C'était un Religieux éminent auquel il donne le nom de « d'ami, de familier, de Frère Bien-Aimé ».

Cet hospice devint bientôt insuffisant pour contenir les nombreux malades qui se pressaient à sa porte et l'évêque de Vicence jugea opportun de confier encore à la milice celui de la Miséricorde : « Cet hôpital contenait, au dire de Barbarano, de nombreuses dépendances, telles que des cours, un jardin, des prairies et s'étendait jusqu'à l'église Ste Madeleine ».

La sollicitude du B. Barthélemy pour sa famille religieuse devait nécessairement s'étendre à celle de S. François. Pouvait-il oublier S. Bonaventure, émule de S. Thomas qu'il avait connu à S. Jacques ? Dès l'année 1263, il s'efforça de procurer aux Frères Mineurs une résidence digne de leur haute mission. S. Bonaventure, devenu Maître de l'Ordre, vint à Vicence en se rendant à Padoue pour la translation des reliques de S. Antoine. Considérant le péril que couraient les Religieux dans un quartier mal fréquenté et situé dans un lieu peu favorable au ministère, les deux saints sollicitèrent du chapitre, la cession de la petite église S. Laurent di Porta Nova, qui figure, d'après une bulle d'Urbain II, datée du 15 novembre 1186, parmi l'une des sept chapelles ou paroisses de Vicence. Mais les efforts réunis de l'évêque et de S. Bonaventure, ne purent vaincre l'obstination des chanoines et les négociations n'aboutirent qu'en 1280.

Barthélemy de Brégance pourvut encore au soulagement des familles religieuses ruinées par la persécution d'Eccelin. Les Humiliés attirèrent d'abord son attention, comme ayant le plus souffert et demeurant réduits à une extrême pauvreté. En conséquence il les investit des décimes de l'église de S. Jacques di Albettone avec la redevance de six mesures de froment et d'une livre d'encens [1]. Aux Ermites de S. Augustin qui possédaient la petite église de Ste Apollinaire, sur le mont Berico, notre

---

1. Gabriel Angiolo di Santa Maria, Biblioteca e storia de' scrittori Vicentini. T. I, LXXXVII.

Bienheureux assigna, avec le consentement du chapitre, un lieu plus honorable, près de S. Laurent de Berga et bientôt on vit s'élever une magnifique église en l'honneur de S. Michel, où, grâce à leur zèle, les fidèles reçurent les secours spirituels durant plus de cinq siècles [1].

Le monastère mixte de S. Marc de Mantoue eut, à son tour, part aux largesses de l'évêque. Forcés de fuir Eccelin, ces Religieux ne rentrèrent dans leur résidence qu'en 1259, d'après un document contemporain. Mais ils se virent réduits à une grande détresse. Le B. Barthélemy s'en émut et leur concéda plusieurs champs dépendants de Brendola. Deux années s'écoulent et notre Saint, considérant que leur situation demeurait précaire, les investit d'une partie des décimes de ce district.

Après les moines, surnommés au moyen âge, « les pauvres du Christ », la sollicitude du B. Barthélemy s'étendit à tous les déshérités des biens terrestres. Père très aimant des malheureux et des orphelins, selon l'expression des bulles de la canonisation, il versa libéralement dans leur sein les trésors de son évêché.

---

1. Faccioli, p. 40.

Aucune infortune ne lui fut étrangère, aucune douleur ne demeura inconsolée. Les amis de notre Saint participèrent largement à ses libéralités. Parmi eux, il faut citer un certain Ubertino qui vint humblement lui soumettre son dessein de bâtir un hospice pour les pauvres, près de l'église San-Giuliano. Mais il s'agissait d'obtenir la cession de ce terrain appartenant aux Religieuses de S. Pierre. Barthélemy se rendit au monastère et telle fut son éloquence, au dire des vieux auteurs, qu'il obtint aussitôt et à l'unanimité des voix la faveur désirée. L'acte est daté du 3 mai 1270. On éleva sur cet emplacement l'hospice qui reçut le nom de « Casa di Dio ».

Après avoir étudié la vie extérieure du B. Barthélemy, sa pacifique intervention dans les débats politiques de Vicence, sa libéralité sans mesure pour les Ordres Religieux et les membres déshérités de son troupeau, il nous reste à l'envisager au point de vue mystique. Nous abordons maintenant la période lumineuse et apaisée où se révèlent tous les mystères de sa vie intime et religieuse.

Auprès du Maître adoré auquel notre Saint a immolé sa vie dans un joyeux sacrifice, se dresse la douce figure de la Vierge Marie. Il avoue lui-même avec ingénuité que « chacun de ses sermons est imprégné de sa tendresse envers la divine Mère de Jésus ». Dans la préface des prédications qu'il lui dédie, il se dépeint naïvement, tout en conservant l'anonyme, dans la personne d'un « Religieux dévot « à Marie, ayant placé toute son espérance en « la tendresse de son cœur maternel et tout « enflammé pour elle d'un amour filial ». Il rappelle '« que ce Religieux a vu luire la lu- « mière de ce monde, le jour de sa glorieuse « naissance, qu'elle le visita dans sa maladie, « qu'elle le défendit contre ses adversaires, « que, de la chaire de docteur, malgré sa « faiblesse, elle l'éleva à la dignité d'évêque en « deux églises qui lui étaient consacrées. Quoi « de plus........, ajoute-t-il, ce que je suis, « ce qui me fait vivre, ce que je sais, tout, je « le dois à la Vierge Marie ». Et s'adressant à Elle, il lui dit : « J'ai fait ce que j'ai pu, ô très « pieuse Vierge. Qu'aurais-je pu faire pour « reconnaître tout ce que vous m'avez donné, « non comme une récompense, mais comme « un don gratuit ? Je n'avais autre chose que ce « que j'ai reçu de vous. Vous donc, ô mère « illuminatrice de mon cœur, nourrice de mon « intelligence, je vous conjure de toutes mes « entrailles d'aiguiser, d'enflammer mon esprit,

« de diriger mon intelligence. Soutenez celui
« qui est haletant et qui médite les profonds
« secrets de vos grâces et de vos vertus. Donnez-
« moi une si grande abondance de lumières
« surnaturelles que je puisse les déverser
« sur les âmes. Faites que ces enseignements
« démontrent à ceux qui voudront les lire que
« je fus endoctriné par vous même et inspiré
« d'en-haut. Si quelqu'un refuse d'y croire
« par malveillance, qu'il touche cette vérité
« avec la main : Il verra que ce n'est pas moi
« qui parle, mais que votre esprit de dou-
« ceur parle par mon intermédiaire, que je
« n'écris jamais autre chose que ce que j'ai
« entendu ou appris de vous. C'est pourquoi
« instruisez-les vous-même, faites que tous
« vous aiment et remplissez leurs cœurs ».

Les autres sermons du B. Barthélemy sont
tous imprégnés d'une foi agissante et domi-
natrice, d'une filiale tendresse, d'une confiance
sereine et candide envers Marie. « Il ne faut
donc pas être surpris, ainsi que le fait observer son biographe [1], s'il reçut de la Sainte
Vierge une faveur extraordinaire, qu'il tint
longtemps cachée et dont il ne s'ouvrit que

---

1. Faccioli, p. 60.

vers la fin de sa vie au Souverain Pontife. A
sa lettre toute confidentielle, Clément IV
répondit en ces termes : « Ayant bien consi-
« déré ce que vous m'écriviez et lu votre
« secret, nous ne pensons pas devoir vous
« conseiller de le publier si vous n'avez pas
« raison de croire qu'il puisse réjouir une ou
« plusieurs personnes, soit pendant leur vie,
« soit au moment de leur mort ; si, au contraire,
« vous pensez que cela puisse être avantageux
« aux fidèles, vous pourrez, à l'exemple de
« Moïse ou de Jean, le rapporter avec tant et
« tant de discrétion qu'il semble que ce soit
« écrit par une autre personne... Vous nous
« êtes excessivement cher, nous sommes prêts
« à faire tout ce qui peut vous être utile et
« nous nous recommandons chaudement à vos
« prières [1] ».

Barthélemy avec cette simplicité qui caractérise les saints, trace alors humblement ces
lignes, pour le bien des âmes, tout en conservant
rigoureusement l'anonyme : « Un certain Frère,
« dit-il, suffisamment savant et de bonne répu-
« tation, d'une âme comme la mienne, de même
« aspect que moi, un jour d'hiver, avant la fête

---

1. Martene, Thesaurus anecd. II, p. 358.

« de la Purification, se trouvait gravement
« malade d'une fièvre aigüe. Aux approches
« de la fête, la fièvre cessa, mais il demeura
« si faible, que le jour de cette solennité, il ne
« put quitter son lit de douleur pour célébrer
« avec les autres les divines louanges. Il en
« conçut un grand déplaisir, parce qu'il avait
« une dévotion spéciale pour ce jour sacré, et
« parce qu'il éprouvait une grande douceur
« spirituelle de suivre la procession que les
« Religieux avaient coutume de faire ce jour-
« là, procession qui représentait celle de
« Joseph, de Marie, de Siméon et d'Anne.
« Surtout il se sentait doucement ému de cette
« antienne : « Adorna, thalamum tuum, Sion ».
« L'heure de la procession étant venue, et ne
« pouvant la suivre, il commença à soupirer et
« à gémir. Mais tout à coup, il se redresse
« sur sa petite couche, les yeux levés au ciel,
« les mains ouvertes dans l'attitude de la sup-
« plication, il venait d'entendre le verset :
« Adorna thalamum tuum Sion. Oh Sion mysti-
« que ! Le malade laissa échapper alors, du plus
« profond de sa poitrine des soupirs enflam-
« més et se mit à pleurer amèrement sur lui-
« même et sur cette privation, offrant cepen-
« dant en esprit des larmes de componction au
« divin Enfant offert pour lui en ce jour. A ce

« moment la soupente de sa cellule semble
« s'ouvrir et du Paradis entr'ouvert sous ses
« yeux, il voit descendre la reine, Mère des
« miséricordes, tenant entre ses bras son ado-
« rable Enfant. Avec une bénignité maternelle,
« elle s'approcha du Religieux pleurant, et le
« lui présenta de manière à ce qu'il pût com-
« modément l'embrasser. Se baissant, tout
« ruisselant de larmes sur l'Enfant à lui pré-
« senté et offert, il lui donna donc avec le
« plus profond respect, mêlé d'amour et de
« soumission, un très doux baiser. Marie sou-
« leva aussitôt l'Enfant, et remontant de la
« manière dont elle était descendue, elle dispa-
« rut immédiatement aux yeux de celui qui
« était infirme ». Cette gracieuse légende est
considérée, dans le procès de canonisation,
comme une vision réelle car elle guérit instan-
tanément le malade. Est-il surprenant qu'ayant
reçu cette faveur, il consacra, ainsi que le fait
remarquer son biographe, un livre tout entier
aux privilèges de la Vierge Marie ? « Elle-
« même, écrivait-il à Clément IV, en lui
« envoyant le volume, elle-même me donne la
« hardiesse de chanter ses louanges. O pru-
« dente providence de la B. Vierge ! ô pieuse
« dispensatrice ! En ce moment elle me com-
« mande d'écrire sur elle, sachant trouver

« en moi un juge strictement tenu à la recon-
« naissance et promoteur très fervent de ses
« louanges. Cette œuvre de la Vierge que j'ai
« intitulée *lux publica mundi, luce publica*
« *del mondo,* accceptez-là ô Saint Père et avec
« votre bonté habituelle veuillez l'accueillir ».
Barthélemy prie ensuite le Souverain Pontife
de corriger son œuvre, « de la soumettre aux
Frères Prêcheurs, qui l'on instruit, à la direction
desquels il s'est soumis dès l'enfance et par
lesquels il fut toujours jugé *in justitia et
æquitate* ».

Mais à ce don, Barthélemy de Brégance joi-
gnait une prière. Il suppliait Alexandre IV de
rompre ses chaînes en le déchargeant de
l'épiscopat. Son zèle semblait s'épuiser en
vains efforts. Pour la première fois le vaillant
évêque paraît succomber sous le poids de graves préoccupations, si l'on en juge par une charte
dans laquelle il investit le podestat Gabriele di
Negro d'un fief important, « le priant en
retour, de l'assister dans les vexations et les
angoisses dont il est accablé, afin qu'il puisse
résister à tant d'affronts et maintenir, dans leur
intégrité, les droits de son Église ». Anxieux
du bien de son peuple, il lui paraissait ne plus
obtenir de ses prédications tout le résultat que
désirait son grand cœur, et attribuant cette

tiédeur à son indignité personnelle, il demande instamment au Souverain Pontife de le rendre à la vie pauvre et cachée de son cloître. Quelques auteurs ont contesté cette démarche, mais la bulle de Clément IV ne laisse aucun doute à cet égard : « Considérant ce que vous nous avez écrit, les hésitations de votre âme, flottant au milieu des vagues de la mer, et après les avoir mûrement pesées, nous vous conseillons d'implorer l'aide du ciel, de ne pas abandonner le timon du vaisseau, et de ne pas vous laisser émouvoir, si parfois il vous semble, selon votre jugement personnel, labourer en vain le champ du Père de famille en prêchant devant des auditeurs obstinés. Vraiment ces paroles sont bien différentes de la parabole de la semence, qui nous propose de laisser croître le mauvais grain jusqu'au temps de la moisson, afin de le séparer du bon. De la même manière vous devez présumer que votre prédication porte ses fruits, bien que vous la jugiez stérile, car si elle ne semble pas en produire, elle vous fait du moins acquérir un fruit de mérite et de salut. En remplissant ce devoir vous méritez la récompense qui serait perdue si vous le négligiez ».

Clément IV lui accuse enfin réception de son volume : « Le livre que vous nous avez envoyé, nous l'avons reçu dans la joie de notre cœur. Il contient réellement une grande érudition. Vous ne pouviez nous faire une chose plus agréable que de nous l'envoyer, car le Seigneur, en tout temps, nous accorde cette faveur, de désirer d'une manière intense de nous instruire davantage. Aussi la doctrine et l'érudition des savants nous sont infiniment agréables ».

Le B. Barthélemy conserva le pesant fardeau de l'épiscopat jusqu'à son dernier jour. Par humilité, il avait prié Clément IV de rompre ses chaînes, par obéissance il se résigna à les porter encore. Ses scrupules étaient d'ailleurs dénués de fondement, ainsi que le prouvent les documents contemporains, témoignant tous l'activité prodigieuse du saint vieillard. Dieu l'avait favorisé du don des miracles ; mais dans son humble simplicité, il en attribuait l'honneur aux saintes reliques, qu'il entourait d'une si profonde vénération.

Malgré ses efforts pour s'éloigner des affaires, il dut le 27 mai 1270 présider une assemblée civile, dans laquelle le conseil des 400 le pria de fixer définitivement quelques questions demeurées pendantes, dans l'affaire des décimes de la culture. Les anciens auteurs racontent que la sentence portée par lui, excita l'admiration générale à tel point que la commune fit élever deux monuments destinés à en perpétuer le souvenir. Ce sont deux pierres placées, l'une près de *S. Laurent,* et l'autre à la porte dite *Pusterla.* Sur ces pierres, Barthélemy ne permit pas d'inscrire son nom par modestie, mais il ne put obtenir qu'on modifiât la formule du serment exigée à la nomination du podestat, formule dans laquelle celui-ci s'engage « à maintenir et à défendre les sentences portées par l'évêque Barthélemy ».

Un événement tragique vint assombrir les derniers jours de notre Saint et peut-être en hâter l'issue. Le roi de France avait formé le dessein de délivrer la Terre Sainte. Dès le mois de mai 1265 le Pape était prévenu de ce noble projet, mais connaissant l'état de faiblesse de sa santé, il tenta de l'en détourner. Louis IX fut inébranlable. On sait la fin de cette croisade, le désastre de l'armée chrétienne et la mort dramatique de S. Louis.

Barthélemy de Brégance fut douloureusement impressionné en apprenant cette fatale nouvelle. Peu de jours après la mort de son royal ami, pressentant lui-même sa fin prochaine, il sollicita du Pape l'autorisation de tester, et dicta ses dernières volontés au couvent de la Sainte Couronne, en présence de Fr. Florio et de trois autres Religieux de l'Ordre.

Dans ce testament, daté du mardi 12 septembre 1270, Barthélemy déclare léguer les saintes reliques, « données à lui bénignement par le très pieux Louis, roi de France, à l'église de la Sainte Couronne et à l'Ordre des Frères Prêcheurs qui, dès l'enfance, le forma à sa discipline et à ses usages, selon l'observance de son fondateur S. Dominique, Ordre dans lequel il fut élevé, instruit, enfin élu, par la miséricorde divine à l'évêché de Nimosie (Limassol) et à celui de Vicence ». Il constitue « Fra Bene administrateur de la fabrique de la Sainte Couronne, léguant à cette œuvre la quatrième partie des décimes de Brendola, Trémignon, Vaccarino et Perardo, plus les sommes perçues pour le rachat des vœux, les compensations remises par les détenteurs des richesses mal acquises… jusqu'à la somme de deux mille livres. Enfin Barthélemy déclare choisir sa sépulture entre l'autel de la Sainte Vierge et celui de la Sainte Couronne, sous le pavé, de telle façon qu'elle puisse être vue des Religieux au chœur et aussi des fidèles, afin qu'ils prient pour lui chaque fois qu'ils la regarderont. » Il termine, en léguant, à cet effet 300 livres d'argent veronais au Prieur du Couvent des Frères Prêcheurs.

Les deux dernières lettres pastorales où semble s'exhaler le dernier souffle de cette grande âme, sont datées du 16 et du 19 octobre 1270. L'évêque de Vicence exhorte « ses brebis bien aimées à multiplier leurs œuvres de miséricorde, en faisant aux malheureux une large part des richesses qu'ils tiennent de Dieu, comme un don gracieux de sa bonté, afin de parvenir heureusement aux joies éternelles. Parmi ces œuvres de piété et de charité, il leur recommande d'aider, par leurs généreuses subventions, à l'achèvement de l'église de la Sainte Couronne et leur confie sa famille religieuse qui, renonçant à tous les biens terrestres, se trouve parfois réduite à une stricte pauvreté. Enfin, il les prie de vénérer les saintes reliques et concède de nombreuses indulgences à ceux qui, repentants de leurs fautes, feront une visite à l'église de la Sainte Couronne, où le précieux trésor est conservé, et qui assisteront à la prédication des Frères Prêcheurs en ce sanctuaire béni ».

Cette exhortation du saint évêque fut la dernière. Le 23 septembre, sentant ses forces défaillir, il dicta le long codicille de son testament dont voici une brève analyse : Barthélemy déclare « ne pas compter sur l'incertitude de sa dernière heure pour régler ses dernières dispositions. En conséquence, c'est en pleine lucidité d'esprit qu'il constitue Fra Bene pour lequel son cœur est rempli de tendresse, son héritier universel pour tous les objets qu'il a apportés en venant à Vicence, et dont il a fait dresser un inventaire légal ». Il lui donne pleine faculté pour distribuer ses biens en faveur de l'église de Vicence, selon l'inspiration de sa conscience. Il déclare : « donner aux Frères et au couvent de la Sainte Couronne tout ce qui lui appartient ainsi qu'à sa mense épiscopale jusqu'à la somme de 700 livres de deniers véronais ». Selon la teneur de l'instrument fait par Pierre, notaire, il donne à Maître Alberto, médecin, 1000 livres de deniers véronais pour acquitter les soins donnés à sa famille épiscopale. Il charge ses fidei commissaires, c'est-à-dire, le Prieur de la Sainte Couronne, maître Bernard archidiacre et Fra Bene, de récompenser largement ses serviteurs et rappelle ses dernières volontés relativement à ses funérailles et à sa sépulture, pour laquelle il a légué antérieurement 300 deniers véronais. Enfin, il insiste avec un soin scrupuleux pour que toutes les dettes, les amendes soit intégralements acquittées, et dans le cas où la somme de 700 livres ne suffirait pas, il leur donne la faculté de vendre, d'aliéner les biens de la mense épiscopale jusqu'au complet acquittement. Le reste sera consacré à l'Église de Vicence. Ses dernières volontés, il en demande l'exécution au nom de l'amour de Dieu, il requiert au nom de la sainte Épine que ces prescriptions soient accomplies sans retard : « Ceci, dit-il en terminant, est notre dernier testament et notre dernière volonté [1] ».

Les documents contemporains ne contiennent aucun détail sur les derniers moments du B. Barthélemy et ne s'accordent pas sur la date de sa mort. Toutefois, d'après les documents conservés dans les archives de la Sainte Couronne, il semble qu'il rendit son âme à Dieu vers la fin de l'année 1270. Les biographes gardent également le silence sur le lieu où il mourut, mais d'après les chartes, toutes datées de ce couvent et le récit de sa guérison miraculeuse dans laquelle il nous a raconté : « qu'étant malade, il reposait dans un petit lit de l'infirmerie du couvent », il est probable qu'il y résidait et tout porte à croire qu'il y

---

1. Codicille.

rendit le dernier soupir. Il semble certain qu'il fut assisté à cette heure suprême par Fra Florio, prieur de la Sainte Couronne et par Fra Bene, prieur de S. Nicolas. Notre Saint expira donc doucement entre les bras de ses Frères au chant du Salve Regina, chant mélancolique et doux qui lui ouvrit l'entrée radieuse du Paradis. La mort, Barthélemy l'avait accueillie en amie et en libératrice. C'est donc avec une joie divine que notre Saint entendit la voix du Maître, le conviant à ses noces éternelles et dans un dernier transport d'amour, il remit entre ses mains son âme dont rien n'avait pu effleurer la virginale candeur.

CHAPITRE IX

La nouvelle de la mort du B. Barthélemy s'étant répandue, on vit affluer de toutes parts à Vicence, au dire des anciens auteurs, une foule considérable de hauts personnages, d'hommes politiques, de religieux, de seigneurs, enfin toute la population, depuis les riches matrones jusqu'aux veuves et aux orphelins dont il s'était montré l'ami et le père si tendre. Il semble que le corps inanimé du thaumaturge eut conservé la puissance d'opérer des miracles en faveur des malades et des infirmes qu'il avait tant aimés. Durant trois jours qu'il demeura exposé à la vénération des fidèles, ce fut un pieux pèlerinage et la foule ne cessa d'affluer auprès du saint évêque, lui faisant toucher des rameaux d'oliviers et lui donnant les plus touchants témoignages de reconnaissance. On peut affirmer, d'après les biographes les plus compétents, que le culte de Barthélemy de Brégance, date de son lit funèbre.

Trois jours s'écoulent et un premier service est célébré à la cathédrale avec toute la pompe dûe à sa haute dignité. Les Dominicains reçoivent ensuite le corps de leur illustre Frère et le transportent à l'église de la Ste Couronne. Un immense et pieux cortège l'accompagne, au dire des auteurs de l'Ordre, implorant avec larmes et sanglots la protection de celui qui avait émerveillé sa patrie par l'éclat de ses vertus et de ses miracles. Les funérailles furent célébrées à l'église du couvent, dans un recueillement intime et doux. On le déposa dans un sépulcre entre l'autel de la Ste Épine et celui de la Ste Vierge, d'après le témoignage de Bernard Gui : « Fr. Barth. episc. Vicent. jacet in ecclesia retro chorum Fratrum quam edificavit in honorem Coronæ spinæ J. C. et ibidem veneratur ».

Avant d'étudier les diverses phases du culte et de la béatification de Barthélemy de Brégance, il convient de donner une courte description de l'église de la Ste Couronne qui fut l'œuvre capitale de sa vie et où il fut déposé par les mains de ses Frères.

En entrant dans ce sanctuaire par la porte

L'Église de la Ste Couronne, vue intérieure,
d'après un dessin de M. Georges Rohault de Fleury.

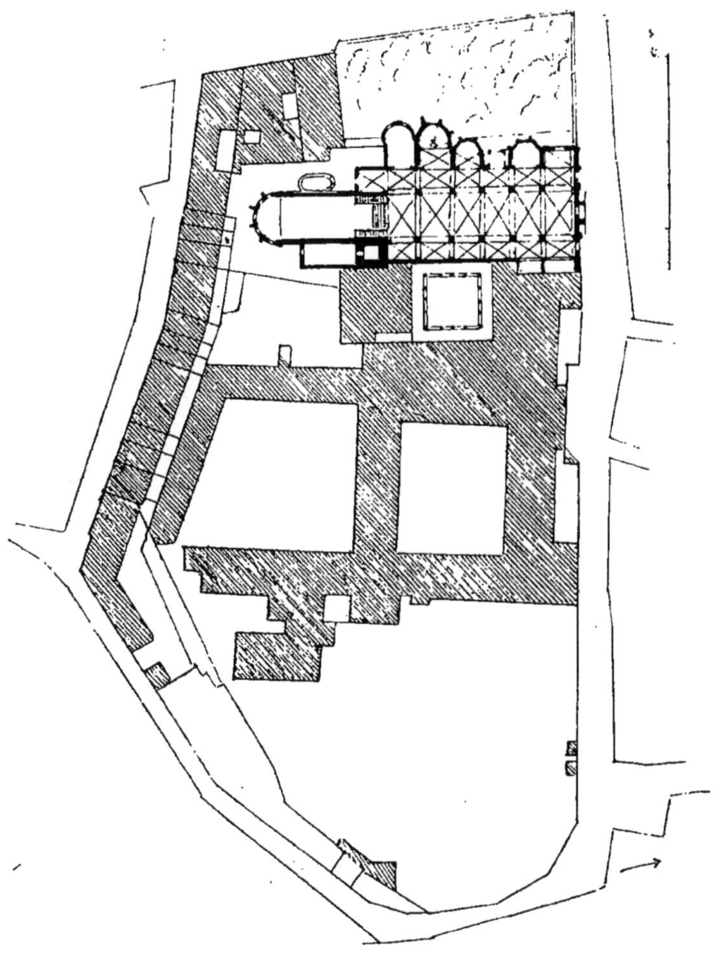

Plan de l'Église et du Couvent de la Ste Couronne
d'après le cadastre.

de l'ouest, on pénètre dans le vaisseau divisé en trois nefs par des rangées de colonnes et d'arcades ogivales et l'on contemple une longue perspective, terminée par des verrières au chevet. Ces nefs sont surmontées de voûtes d'arêtes restaurées par les modernes, s'appuyant sur des moulures du XVIe siècle. Le transept ne date que de cette époque et semble avoir été substitué aux petites chapelles du moyen-âge. De là, on monte au chœur, vaste, surélevé, mais renouvelé ainsi que l'autel, les soubassements et les stalles. A droite et à gauche du chœur, deux arcades s'ouvrent sur des escaliers qui descendent à la crypte. Cette crypte refaite à la Renaissance, en 1613, abritait la Ste Épine. Aujourd'hui on y voit trois statues qui rappellent son histoire, celles du Sauveur, de S. Louis, du B. Barthélemy. On est frappé des effets de jour produits par les arcades et qui semblent des rayons surnaturels. Il est impossible de préparer un aspect plus saisissant ni de mieux disposer les jets de lumière.

L'extérieur de la Ste Couronne est peut-être mieux conservé que les nefs et le chœur. La façade principale est imposante. Elle offre trois parties qui correspondent aux nefs. Dans celle du centre, s'ouvre la porte sous un petit auvent, au-dessous de la large rose qui éclaire la grande nef, et sous le fronton, une croix réservée dans la brique. Les parties latérales sont percées de longues fenêtres ogivales. Les pilastres séparent et vont soutenir sous le pignon de gracieuses arcatures qui le festonnent.

A droite de cette façade, on entre dans le couvent et le cimetière. La porte méridionale de l'église est la plus riche. Encadrée de colonnettes, elle est précédée d'un porche gothique avec des voûtes d'arêtes et deux colonnes d'un beau style, remontant à la construction primitive. Elle est malheureusement cachée par deux chapelles voisines qui doivent être postérieures. Après avoir dépassé cette porte, on longe à gauche les chapelles latérales qui offrent encore de beaux détails et l'on parvient à l'abside qui est véritablement un joyau d'architecture. Comment ne pas admirer cette rotonde si imposante, ces hauts piliers qui supportaient jadis les arcatures et qui séparent encore aujourd'hui de gracieuses ogives, parées comme pour une fête, de légères dentelles de pierre.

C'est de là qu'on peut le mieux observer le campanile qui s'élève sur le flanc nord de l'église et qui paraît, au moins jusqu'au pavillon supérieur d'une belle conservation. Il fut foudroyé en 1773, sans que cette catastrophe

L'Église de la Ste Couronne. — La Crypte, d'après un dessin de M. Georges Rohault de Fleury.

l'ait beaucoup endommagé. C'est une tour carrée en briques, garnie de pilastres.

En 1351, le chœur ayant été restauré, on ouvrit le sépulcre du B. Barthélemy et son corps fut trouvé dans son intégrité, avec l'anneau au doigt, le bâton pastoral, la mitre et tous les insignes de l'épiscopat. Le cercueil lui-même était intact, bien qu'exposé depuis près d'un siècle à l'humidité. Ce prodige émerveilla la foule et augmenta la dévotion publique envers le saint évêque. Fr. Egidio Boni, qui occupait alors le siège de Vicence, assisté de deux prélats, du Provincial de Lombardie, F. Francesco Massa de Bellune et de F. Romano Vello, Prieur de la Ste Couronne, procéda à la translation du corps de Barthélemy. Il le déposa dans un cercueil, recouvert de riches étoffes et le porta processionnellement dans les rues de la cité, au milieu de témoignages d'allégresse indicibles [1].

Le procès de la canonisation en fait la description suivante : « Le monument était en marbre grec, élevé de sept pieds. L'urne se trouvait soutenue par deux modillons faisant

______

1. Faccioli, p. 95.

saillie sur le mur. Elle est large de cinq pieds, huit onces, haute au parapet de deux pieds, cinq onces, en tout de quatre pieds. Sur deux modillons semblables aux premiers se dressaient des colonnes à bases et chapiteaux antiques, servant d'appui à une voûte en marbre, décorée d'arabesques et de frises. On voyait au-dessus un piédestal, orné d'une croix dorée et rayonnante. L'urne était surmontée d'une image du Bienheureux, représenté couché, vêtu de l'habit de S. Dominique, les mains croisées sur la poitrine, mitré, et la tête reposant sur un coussin à glands, environnée de nombreux rayons. Du haut de la voûte, cinq autres rayons descendent sur le corps du saint. Cette peinture fait supposer aux auteurs les plus compétents que le culte et le titre honorifique de Bienheureux étaient déjà attribués à Barthélemy de Brégance. Au-dessus du corps, on voit une croix équilatérale, posée au milieu d'une couronne d'épines. Entre les nuages et la croix, on lit cette légende : *Beatus Bartholomeus, episc. Vicentinus* et sur le devant du sépulcre, l'inscription suivante : « Reparato sepulchro, prisca Beati templi hujus Erectoris intacta imagine MDCCXLVIII.

Aucun document ne rapporte la première épitaphe qui fut gravée sur le sépulcre du B.

SEPOLCRO NEL TEMPIO DI S. CORONA DELLE ORDINE DE
PREDICATORI DI VICENZA N CUI FU TRASFERITO IL CORPO
INCOROTTO DEL BEATO BARTOLOMMEO DEI CONTI DI BREGANZ,
DEL MEDESIMO ORDINE E ANNO LXXXF DORO LA DI LUI MORTE
DA ECIDIO VESCOVO VICENTINO CLERO PRIMATI DELLA CITTA
FIE ITO IL POPOLO NEL GIORNO XXI MAGGIO MCCCLI

Barthélemy. Pagliarino affirme que la nouvelle inscription fut composée à l'époque de la translation par Barthélemy degli Anzolelli. Il est certain, dit Mgr Bortolan, qu'il existait du temps de Barbarano quelques vestiges de l'épitaphe, sculptée sur une pierre. Il parvint à la restaurer en faisant compléter les mots effacés par un de ses Frères en religion. Il nous la présente en ces termes, avertissant que les paroles en cursives sont ajoutées :

Hac lapidum compage jacet venerabilis urbe
Bartholomeus in hac Pastor dans dogmata turbæ.
Sancta suo prius hæc Altaria *pulvere lata,*
Gaudebant ubi *scala Chori nunc est fabricata*
Hic mala confregit, morbos tumulatus abegit
Longa *dies almo potuit* nihil *ipsa nocere.*
Ut qualis fuerit *sic nec* sua vita latere
Integro *in tumulo* translatum *corpus habebat*
Mille trecentum *quinquagenus quartus agebat.*
Ampla *ope dotatum struxit Templum urbe locatum*
Transtulit huc Spinam Francorum Rege *sacrumque.*
Dante Crucis *lignum Ludovico unde datumque*
A Plebe et variis colitur *venientibus hisque*
Partibus hoc longe *ad Templum* populoque sacris*que*
Altus in hoc fertur Templum, *sed jura tenente*
Tunc fuit *Egidio scripta hoc* sua vita *jubente.*
Hic fidei nomen dedit isti tale, *quod Anglis*
Nuntius et Gallis pressit Gallique phalanges.
In civitate Patri par vixit hic ordinis hujus
Gaudentum erexit studium, *viduasque tuentum.*
Hierusalem Patriarca fuit dilexit et omnes

Haec decuit Domini famulum alta in claustra reponi
Scismaticumque suo confudit dogmate Gallum.
Urbs nostra *hunc talem, utque* erronea *crimina qualem
Senserunt* stupuit cui Titan sæcla vehebat.
Huic pietas hominum nam tunc dans vota virebat.

Le Père Prieur Bassano Gallizioli enleva
cette pierre et lui en fit substituer une autre
avec cette épitaphe :

Clauditur hoc tumulo Venerandus Bartholomæus
Vincentinus olim præsul de stirpe Breganze.
Dominici ex manibus vestem capit ordinis almi,
Palatii sacri Roma est venerata magistrum.
Inde fit et Pastor Paphensis Nemonicensis,
Et Vincentinus patria plaudente creatur.
Dogmata sancta dedit, miracula plurima fecit
Vivens, atque graves morbos tumulatus abegit.
Nuntius ad Gallos titubantes missus et Anglos
In fide confirmat, velut alter apostolus, atque
Hæreticas frangit scriptis verbisque Phalanges,
Schismaticumque suo confudit dogmate Gallum.
Hierusalem Patriarcha fuit loca sancta restaurans.
Francorum regem Ludovicum visitat, et Rex
Particulam santæ Crucis, santæque Coronæ
Donat, et remeat sanctum portando thesaurum.
Tunc templum hoc amplum pro Spinæ struxit honore,
Quæ Domini fuerat prætioso tincta cruore.
Et ligno Crucis Cathedralem ornavit et ædem,
Bassanum patriæ ereptum sine sanguine reddit,
Et Paduam patriæ jungit jam fœdere pacis,
Gaudentumque Scholam fundat, viduasque tuentum.
Post tres octoginta annos transfertur, et ecce
Integrum corpus visum est cum vestibus ejus.
Concives grati, statuam posuere perennem
Æternum vivat, vivat, laudetur, ametur.

Monum. vetustate ferme collapsum huic formæ huic marmori reddidit. Fr. Bassanus Brixiensis S. T. M. hujus conventus Prior an. Dni MDCLXIII [1].

Pendant qu'on posait les dernières assises du chœur, on ciselait une châsse pour y déposer la sainte Épine. Il est facile d'en préciser la date approximative, puisqu'elle représente S. Thomas d'Aquin avec un nimbe, qui marque une époque postérieure à sa canonisation (1323). Un document daté de 1387 montre le reliquaire achevé.

Cette châsse est digne de l'église, elle se compose d'une colonne hexagonale en vermeil, reposant sur une base pyramidale. Les six côtés sont ornés de figures. On y voit le Rédempteur dans sa royauté dérisoire, S. Louis dans la magnificence princière, puis un autre saint, sans doute S. Pierre martyr, S. Dominique, S. Thomas d'Aquin, enfin le B. Barthélemy sans auréole. Il porte le costume de l'Ordre et la mitre. Il tient de la main gauche une crosse, et de la droite, il présente la sainte Épine. Sur ces personnages, on voit des arcatures gothiques enrichies de clochetons. Trois

---

1. Voir Bortolan, S. Corona, p. 195.

édicules gothiques, au-dessus, forment un fût avec des colonnes. Celui du milieu est semblable à un nœud. Ils sont habités par d'élégantes figurines qui se détachent sur des nielles et sur l'émail. On admire sur une sorte de bassin renversé les plus délicates ciselures et des frises ajourées. Le chapiteau est comme un vase de fleurs sur lequel des lys soutiennent une sainte couronne, placée horizontalement. On distingue sur l'émail l'Annonciation, le saint Sépulcre, la Résurrection ; au milieu, la relique de la sainte Épine est disposée sur un cristal de roche.

Jusqu'ici l'orfèvre a rappelé les souffrances du Sauveur, les saints sous leur enveloppe mortelle, la zone des épreuves, maintenant il s'affranchit, s'éloigne de toute forme terrestre. Du milieu de la couronne donnée par le B. Barthélemy à son couvent, il fait jaillir vers le ciel un bouquet qui tremble sous les brises éternelles, d'élégants rinceaux que portent des clochettes et sous lesquelles s'agitent de riches pierreries, des corolles d'où surgissent les prophètes contemplant la réalisation de leurs promesses.

Au milieu de ces entrelacs de liernes qui s'entrecroisent, une tige s'élève et porte à sa cîme, sur un chardon Vicentin, l'ange du S.

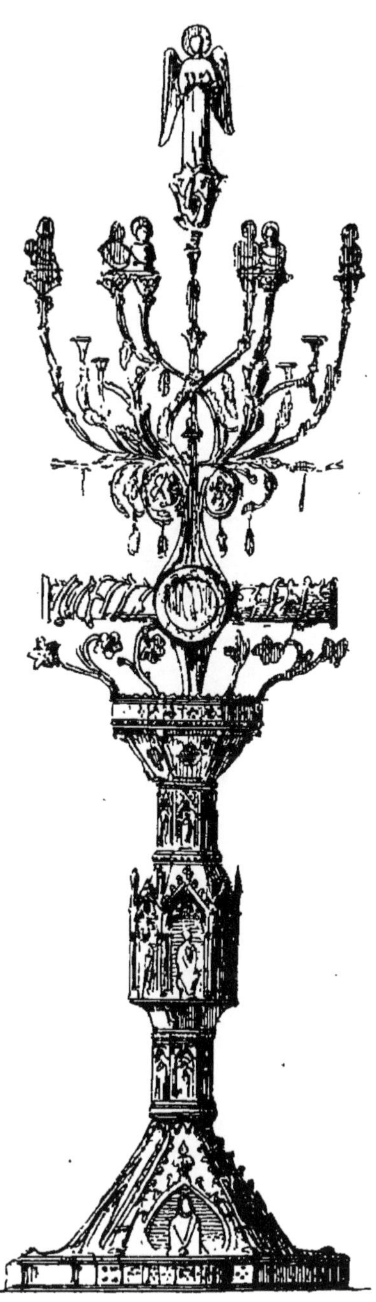

Reliquaire de la Ste Couronne.

Sépulcre qui déploie ses ailes, cachant ses pieds sous les plis abondants de sa tunique. Ce poétique langage des fleurs rappelle à l'esprit la rose du Paradis de Dante et cet immortel verset :

> Di tal fiamma uscian faville vive,
> E d'ogni parte si mettean nei piori,
> Quasi rubini che oro circonscrive

S. Louis avait accompagné le don précieux d'une lettre conçue en ces termes :

Ludovicus Dei gratia Francorum rex, dilecto sibi in Christo Bartholomeo eadem gratia Episcopo Vicentino salutem et sincere dilectionis affectum.

Ad instantem petitionem vestram de pretioso ligno dominice Crucis et sacrosante Corone ipsius Spinam unam vobis in signum dilectionis conferimus, dilectionem vestram rogantes attente, quatenus eam debito conservetis et conservare faciatis honore, et pro nobis orare velitis, et orationes faciatis fieri speciales ».

Datum Parisiis anno Domini MCCLIX, die jovis post festum S. Nicholai jemalis, in cujus rei perpetuum testimonium presentes literas nostro sigillo precepimus communiri ».

Cette lettre originale a été perdue, mais il en reste une copie dans un parchemin, conservé à l'église de la sainte Couronne. Barthélemy la fit authentiquer par les patriarches de Constantinople et de Grado, par cinq évêques et par le doge Zeno. Dans ce parchemin, on voit trois armoiries en miniatures ainsi que le rapporte Mgr Bortolan [1].

On conserve encore dans un écrin de la fabrique de la sainte Couronne, un louis d'or que la tradition dit avoir été donné par le Roi au B. Barthélemy, en même temps que les reliques. Il a 25 millimètres de diamètre et représente d'une part une croix fleurdelisée avec cette inscription en lettres gothiques : « Christus vincit, Christus imperat, Christus regnat », de l'autre un bouclier couronné avec trois lis, surmonté d'une étoile avec ces paroles : *Ludovicus Dei gracia Francor. Rex.*

Barthélemy prit soin, en consignant les reliques, de faire dresser un acte de donation. Le document, daté du 14 mars 1261, stipule que le précieux trésor devra être conservé dans l'église de la Ste Couronne.

Les reliques subirent des translations successives. Déposées dans une chapelle sous le

---

1. Bortolan, Notes, p. 102.

campanile, elles furent transférées dans la crypte en 1520, puis dans le sanctuaire dédié à S. Joseph le 31 août 1793, jour de la béatification du B. Barthélemy de Brégance.

Le trésor de l'église de la sainte Couronne, contenait d'autres reliques, non moins précieuses, dont Barthélemy s'était rendu possesseur en 1243. Sa réputation, son influence sur les âmes avait depuis de longues années dépassé les étroites frontières du Vicentin. Or, il se trouvait à cette époque à Venise, une noble dame, nommée Filippa, veuve de Mauro Morosini, laquelle possédait une parcelle de la vraie croix, deux Épines de la Ste Couronne, l'éponge de la Passion et diverses autres reliques. Après les avoir fait authentiquer, elle les offrit au B. Barthélemy qui se rendit aussitôt à Venise et en devint possesseur ainsi que le prouve l'acte de donation qu'il en fit à l'église de la Ste Couronne. Dans cet acte, il déclare « avoir acheté et acquis ce trésor avec son argent personnel ». Il semble, d'après les anciens documents que ces reliques soient demeurées provisoirement dans la sacristie. Elles ne paraissent avoir été réunies aux autres qu'à l'époque où l'on construisit la crypte. En 1760, le P. Tomasso Riccardi, visitant le reliquaire, ne trouva plus le bois de la croix, ni les épines, ni l'éponge. On ne sait ce que sont devenues ces précieuses reliques.

Le culte du B. Barthélemy se propagea rapidement en Italie, spécialement à Vicence. Leandre Albert rapporte qu'en 1495, lorsqu'il résidait au couvent de la Ste Couronne, une lampe brûlait continuellement devant son sépulcre, en reconnaissance des grâces obtenues par son intercession. Ce fait est attesté par divers auteurs.

François Trissini, noble de Vicence, fit élever en 1493 une colonne dans le cimetière, à la mémoire de Barthélemy, sous le priorat du B. Sébastien Maggi. Le culte était, sans doute, devenu public, puisqu'on y lit les mots de *Beato Bartolomeo*. Cette colonne était en pierre dure, haute de 28 pieds, y compris la statue, ainsi que le rapporte le biographe de notre Saint, qui nous fait cette description. Il était représenté en habits pontificaux, tenant un bâton surmonté d'une boule et d'une croix d'or. De sa main droite, il bénit la cité [1]. Une invocation est adressée à Dieu, à Barthélemy, à S. Louis. Souèges la traduit en ces termes :

---

1. Faccioli, p. 90.

Par vos playes, Seigneur, je demande la grâce
De voir à découvert, dans le Ciel, votre face.
Très aimable pasteur, Père de la Patrie,
Que d'une sainte Épine, vous avez enrichie,
Faites-nous la faveur par ce précieux don
De chasser la famine et la contagion.
Jésus, le Roi des rois, qui a porté ce bouquet
Vous couronne de gloire Louis, pour ce bienfait [1].
                    MCCCCXXXX...

A ces témoignages de la vénération publique, il faut ajouter de nombreux miracles. Nous nous bornons à en citer un, rapporté par les témoins dans le procès de béatification. « Jean de Porcina, ami du B. Barthélemy, pour exécuter un de ses ordres, s'était mis un jour en route avec des compagnons dont les noms sont relatés dans les actes. Le temps était brumeux, et la petite troupe devait traverser le torrent de Leogra, grossi démesurément par les pluies et les inondations. Mais vu l'importance du message, Jean n'hésite pas à entrer dans les flots. Un abîme imprévu se rencontre et bientôt il est précipité avec son cheval et ses armures au fond du gouffre. Humainement il se sent perdu, mais dans un élan de foi intense, il élève son cœur vers Dieu, se recommandant au saint évêque, aux reliques de la

---

1. Souèges. Année Dominicaine. Supplément de Mai.

Passion. Il fait un vœu de reconnaissance. Après un long combat contre les flots irrités, tour à tour submergé ou surnageant, il parvient au rivage, sain et sauf, sur son cheval et tout armé, à la stupéfaction de ses amis. Il revint à Vicence, fut dès lors considéré comme un miraculé, exécuta sa promesse et devint une gloire de plus pour le B. Barthélemy [1] ».

Le culte de l'évêque de Vicence se perpétuait aussi dans l'Ordre. Souèges rapporte que : « dans l'index des Religieux qui se trouvait autrefois à la fin du martyrologe Dominicain, Barthélemy de Brégance était mentionné comme remarquable par l'innocence de sa vie, célèbre par ses miracles et grandement honoré du peuple [2] ».

Nulle contestation ne s'éleva dans le cours des siècles au sujet de ce culte, rendu public par la piété des fidèles. En 1781, le Pape Pie VI fit ouvrir une première enquête sur la vie et les miracles de Barthélemy de Brégance, en vue de sa béatification. Il nomma le P. Tomasso Riccardi, procurateur de la cause. L'affaire parvint alors à Mgr Alvise Maria Gabrielli, évêque de Vicence, et celui-ci

---

1. Bulles de Canonisation.
2. Souèges, Supplément du 20 mai.

heureux de participer à la gloire de son prédécesseur, donna aussitôt l'ordre de procéder à
la confection du procès. Lui-même présida à la
reconnaissance des reliques. En examinant le
sépulcre, il découvrit des fissures et en sou-
levant le couvercle, il s'aperçut que les ossements étaient dispersés, les vêtements réduits
en poudre, la crosse brisée. Un médecin,
Giovanni Maria Pigati, chargé d'en faire l'énumération, fit remarquer qu'il manquait quelques parties du squelette et la tête. Aurait-elle
été soustraite par une dévotion indiscrète [1] ?

Mgr Alvise scella de ses mains l'urne dans
laquelle furent déposés les restes du grand
évêque, puis il activa le procès de la béatification, s'empressant de recevoir les témoins,
présidant les examens, et afin que cette œuvre
fut poursuivie sans interruption, il chargea
le Docteur Bonaventura Fadinelli, de le
suppléer, en cas d'absence. Mgr Alvise dirigea
ce procès avec une telle diligence, qu'il fut
achevé l'année suivante. Commencé le 25 juin
1781 il fut clos le 21 août 1782, et expédié à
Rome, ainsi que les œuvres du Bienheureux
afin d'être soumis aux censures de la Congrégation des rites.

---

1. Bortolan, p. 196.

Après plusieurs phases prévues, auxquelles la Congrégation des Rites consacra dix années, le culte de Barthélemy reçut la sanction de l'Église le 31 août 1793. Le Père Baldassarre Quinones, Maître Général, obtint du Souverain Pontife, l'autorisation de célébrer la fête au 23 octobre. Le décret pontifical, par suite d'une heureuse coïncidence, est daté du 15 septembre, jour de l'Octave de la Nativité, dont la solennité avait été établie par Innocent IV, pendant que notre Saint était maître du Sacré Palais, et sans doute, à son instigation. Ce décret autorise « tous les Religieux de l'un et l'autre sexe à dire en ce jour l'office d'un Confesseur Pontife, avec une oraison et des leçons propres. »

Le 31 août 1793, anniversaire de la dédicace de la cathédrale, consacrée et restaurée par les soins du Bienheureux, le clergé et les Frères Prêcheurs célébrèrent les solennités de la béatification. On érigea à cette occasion une chapelle dédiée à S. Joseph, afin d'y déposer la Ste Épine et les reliques du B. Barthélemy. Le sépulcre a été démoli. Quelques fragments ont été retrouvés sous un escalier de S. Laurent [1].

---

1. Mgr Bortolan, Correspondance.

En 1860, sixième centenaire de la fondation de l'église de la Ste Couronne, on procéda à une nouvelle translation dans la chapelle Valmanara. La Ste Épine, renfermée dans une niche en pierre, fut encastrée dans la muraille et l'on déposa sous l'autel les ossements du B. Barthélemy, comme pour unir la précieuse relique à l'aimable Saint qui lui avait voué un si touchant amour.

Tel fut Barthélemy de Brégance durant sa vie, telle fut sa glorification après sa mort. Notre tâche est terminée. Elle nous a semblé très douce. Nous nous sommes efforcés de le montrer, non dans le mirage des légendes mais dans l'impartialité de l'histoire. Nous présentons cette courte biographie comme une simple compilation, laissant aux chroniques contemporaines leur rudesse primitive et même leurs incorrections. Heureux serions-nous d'avoir réussi à dépeindre ce grand moine dont la physionomie austère et pure nous a ravi. Plus heureux serions-nous encore, de voir un jour ses œuvres publiées et figurer parmi les traités ascétiques qui demeurent, au cours des siècles, une des gloires des Frères Prêcheurs...

Puisse le Révérendissime Père Général qui, le premier a daigné bénir et encourager ces études d'hagiographie dominicaine, agréer cette simple ébauche de la vie du B. Barthélemy de Brégance et lui accorder une bénédiction qui sera à la fois sa récompense et son couronnement....

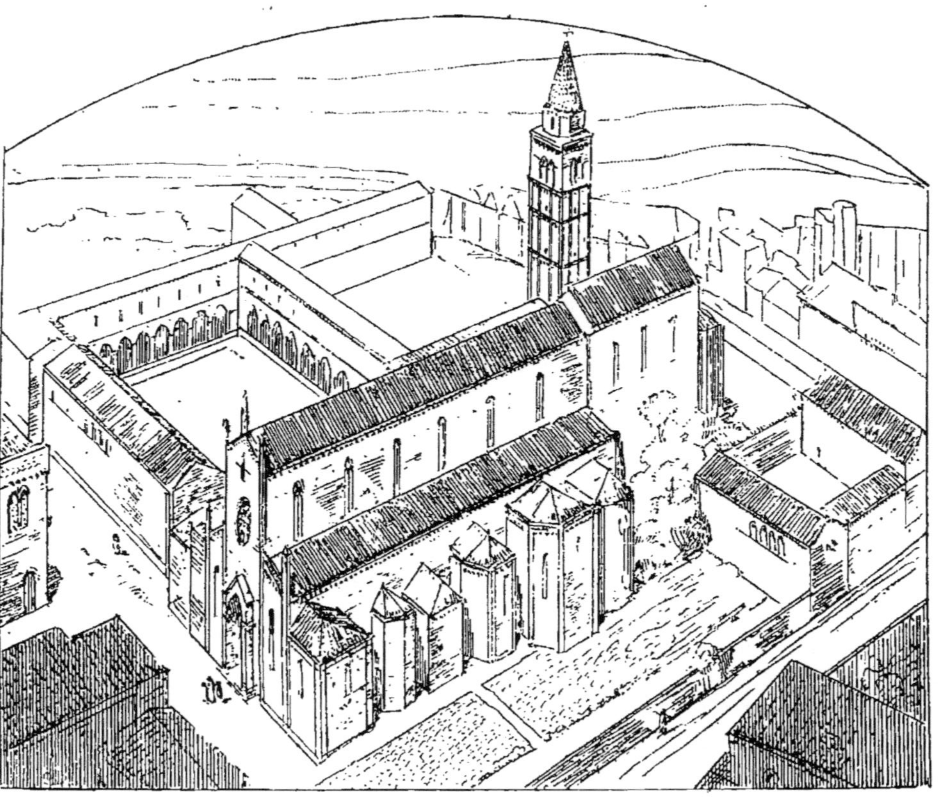

L'Église de la Sᵗᵉ Couronne.

Essai de restauration par M. G. Rohault de Fleury.

NOTES BIBLIOGRAPHIQUES

A

Affo (Ireneo), Storia di Parma, Parma, 1793, 4 vol. in-4.
Angelico (Ferrarese), La historia della città di Parma, Parma, 1590, in-8.
Amato (Amati), Dizionario corografico.

B

Baillet, Vie des Saints. Paris, 1704, 10 vol. in-4.
Balme, Cartulaire, histoire diplomatique de S. Dominique, Paris, 1897-1901, 3 vol in-8.
Barbarano (Francisco), Historia ecclesiastica di Vicenza, Vicenza, 1761, in-4.
Barthélemy de Brégance, Œuvres, Testament.
Bauveau (Henri de), Relation journalière du voyage du Levant, Nancy, 1615, in-4.
Bertaux (Em.). Les Français d'Outre-Mer en Apulie au temps de l'empereur Frédéric II, Revue historique 1895.
Berthier (R. Père), Le Tombeau de S. Dominique, Paris, 1890, in-fol.
Berti, Guide de Vicence, Venise, 1822, in-8.
Bernard (abbé Eugène), Les Dominicains dans l'Université de Paris, Paris, 1883, in-4.
Bortolan (Mgr Domenico), S. Corona, chiesa e convento dei Domenicani in Vicenza, memorie storiche, Vicenza, 1889, in-4.

Bortolan (Mgr Domenico), Il vescovo di Vicenza, re di Barbarano, Vicenza, 1885.

Brèves (François Savary), Relation des voyages faits en Jérusalem, Paris, 1628, 1630, in-4.

Bruyn (Cornélis de), Voyage à travers les parties les plus fameuses de l'Asie Mineure, Paris, 1714, in-fol.

Buston, Chronique de Chypre, publiée par Mas-Latrie, Paris, 1884, in-4.

C

Caumont (de), Voyage d'Oultremer en Jhérusalem, publié par le marquis de la Grange, Paris, 1858.

Cantu, Hist. Univ., 19 vol. in-8, traduit en français par Aroux et Léopardi, 1854-60.

Calvi, Biblioteca degli scrittori Vicentini, extrait de l'archivio Veneto, Vicenza, 1772.

Cappelletti (Giuseppe), Le Chiese d'Italia, Vinegia, 1844, 2 vol. in-4.

Carlier, Voyage de Levant, 1579, Bibliothèque Nationale, m. s. fr. 6092, fol. 162 à 171.

Cassas, Voyage pittoresque de la Syrie, Paris, 1798, in-fol.

Castellini, Storia Vicentina, Vicenza, 1783, 14 vol. in-8.

Castiglio, Historia generale di san Domenico et dell' ordine suo, Venetia, 1581. 2 vol. in-fol.

Catalani (Giuseppe), De magistro sacri Palatii apostolici, Romæ, 1741, 2 vol. in-4.

Cavalieri (Michele), Galleria de' sommi Pontefici, Patriarchi...., dell'ordine de' Predicatori, Bénévent, 1696, 2 vol. in-4.

Chapotin (R. Père), Histoire des Dominicains de la province de France, Paris, 1898, in-4.

Chevalier (Honoré), Dissertations historiques et critiques sur la chevalerie, Paris, 1718, in-4.

Choisy (abbé de), Histoire de l'Eglise, Paris, MDCCXL, 11 vol. in-4.

Colle, Storia scientifica, letteraria dello studio di Padova. Padova, 1824, in-4.

Corti, Siro, Provincia di Vicenza sotto l'aspetto Geografico e storico, Turin, 1892, in-fol.

Cros, Les vrais enseignements du roi S. Louis à son fils, Paris, 1874, in-8.

D

Danzas (R. Père Antonin), Etudes sur les temps primitifs de l'ordre de S. Dominique, Paris, 1877, 4 vol. in-4.

Dapper, Description exacte des îles de l'Archipel, Amsterdam, 1704, in-fol.

Denifle (R. Père), Die Universitäten des Mittelalters, Berlin, 1885, in-8.

Deschamps, Quinze mois à l'île de Chypre ; Tour du Monde, 1894-1897.

E

Echard, Scriptores Ordinis Prædicatorum, Paris, 1719, 2 vol. in-fol.

Enlart, L'art gothique en Chypre, Paris, 1899, 2 vol. in-4.

F

Facciolati, Fasti gymnasii Patavini, Patavi, 1757, 2 vol. in-4.

Faccioli, Vita e virtu del B. Bartolommeo de' Conti di Breganze, da un religioso suo divoto, Parmense, 1794, in-4.

14.

Ferretti. Historia rerum in Italia gestarum, Muratori. T. IX.

Flamma (Fr. Gavagni della), Chronica Ord. Præd., Romæ, 1897, in-4.

Fleury, Histoire ecclésiastique, Paris, 1720, 20 vol. in-4.

Fontana, Sacrum Theatrum Dominicanum, Romæ, MDCLXVI, in-fol.

Fontana, Syllabus Magistrorum Sacri Palatii, Romæ, 1663, in-4.

Frachet (Gerard de), Vitæ Fratrum. Ed. Reichert, Romæ, 1896, in-4.

Frederici, Historia de' cavalieri Gaudenti, Vinegia, MDCCLXXXVII, 2 vol. in-4.

G

Gams, Séries épiscoporum, 1873, in-4.

Gaudry (Albert), Géologie de l'île de Chypre.

Gautier (Léon), La Chevalerie, Paris, 1883, in-4.

Geoffroy (de Beaulieu), traduit par Claude Ménard, Paris, 1617, in-4.

Gérusez, Histoire de l'éloquence politique et religieuse aux XIVᵉ, XVᵉ et XVIᵉ siècles, Paris, 1837, 2 vol. in-8.

Giustiniani (Bernardo), Historie chronologiche dell' origine degli Ordini militari, Venezia, 1692, 2 vol. in-fol.

Godescard, Vie des pères, des martyrs et autres saints, traduit de l'anglais par Butler, Paris, 1763, 12 vol. in-8.

Godi (Antonii), Chronica, quæ exstant Vicenti, Muratori T. VIII.

Gui (Bernard), Catalogus Pontificum Romanorum. Muratori III.

H

Hauréau, Histoire de la philosophie scolastique, Paris, 1880, 3 vol. in-8.

Helyot, Histoire des ordres religieux et militaires, Paris, MDCCXIV. MDCCXVIII, 8 vol. in-4.

Hermant, Histoire des Religions ou Ordres militaires. Rouen, 1698, in-8.

Heyd (Guillaume), Histoire du commerce du Levant au moyen âge, traduit par Furcy-Raynaud, Liepzig, 1885, 2 vol. in-8.

Huen, Relation de pèlerinage en Terre Sainte, Lyon, 1487, incunable.

Huillard (Bréholles), Historia diplomatica Frédérici secundi 1852-60, 12 vol. in-4.

Humbert (de Romans), Opera de vita regulari, Rome, 1889, 2 vol. in-4.

J

Joinville, L'Histoire de S. Louis, Paris, 1867, in-4º.

L

Lacordaire (R. P. Dominique), Vie de S. Dominique, Paris, 1871, in-8.

Lacroix, La chevalerie et les croisades, Paris, 1880, in-4.

Lampartico, Sulle indole e i limiti dell' autorità dei vescovi di Vicenza — scritti storici e litterari, Firenze, 1883.

Lavisse (Ernest), Histoire de France.

Leandri Alberti, De viris illustribus Ordinis Prædicatorum, 1688.

Lecoy de la Marche, S. Louis, sa famille, sa cour. Publié dans la revue des questions historiques, Paris, 1877.

Lequien (Michel), Oriens Christianus, Paris, 1740, 3 vol. in-folio.

Lusignan (P. Etienne), Histoire générale de l'île et le royaume de Chypre, Paris, 1580, in-4.

M

Mamachi, Annalium Ordinis Prædicatorum, Romæ, 1756, 2 vol. in-fol.

Marchese, Sacro Diario Domenicano, Napoli, 1668, 6 vol. in-folio.

Maria (Angiol Gabriello di Santa), Biblioteca e storia de' scrittori Vicentini, Vicenza, MDCCLXXII.

Marie (Honoré de S^te), Dissertations historiques et critiques sur la chevalerie, Paris, 1718, in-4.

Martene, Veterum scriptorum et monumentum, Paris, 1724-1733, 9 vol. in-fol.

Martene, Thesaur. nov. anecdot., Paris, 1717, 5 v. in-f.

Marzari, La historia di Vicenza, Vicenza, 1604, in-8.

Masetti, Monumenta et antiquitates veter, discipl. Ord. Præd., Romæ, 1864.

Mas Latrie, Les archevêques latins de l'île de Chypre, Paris, 1882.

Mas Latrie, Histoire de Chypre, Paris, 1854, 3 vol. in-4.

Mathieu Paris, traduit par Huillard Bréholles, Paris, 1840, 9 vol. in-8.

Maurisii (Gerardi), Historia de rebus Gestis Eccelini de Romani. Muratori, T. VIII.

Michaud, Extraits des historiens arabes, par Renaud, Bibliothèque des croisades, Paris, 1829, 4 vol. in-8.

Michaele (G.), Della nob. e gener. progenie del S. P. Domenico in Italia, Padova, 1613.

Michel (Francisque), Histoire des ducs de Normandie et des rois d'Angleterre, Rouen, 1840, 3 vol. in-8.

Missions Catholiques, 1866-1869.

Moroni (Gaetano), Dizionario di erudizione storico-ecclesiastica, Vinegia, 1851, 103 vol. in-8.

Mortier (R. Père), Histoire des Maîtres généraux de l'Ordre des Frères Prêcheurs, 2 vol. in-4. Paris, 1903-1905.

Muratori, Rerum Italicarum scriptores, Milan, 1723, 51 29 vol. in-fol.

Mussato (Alberto), Regimina Paduæ, Muratori VIII.

Mussis (Giovanni de), Chronicon Placentinum, Muratori XVI.

N

Nangis (Guillaume de), Histoire abrégée ou chronique des rois de France, Société de l'Histoire de France, Paris, 1843, in-8.

P

Pagliarino, Chronica di Vicenza, Vicenza, 1663, in-4.

Pallard (Abbé), Les ministères ecclésiastiques du S. Siège, Paris, 1860, in-8.

Pascal, Costumi ed uzanze nelle Universite d'Italia, 1697. in-8.

Pathus (Guillaume de S.), Vie de S. Louis (plusieurs fragments publiés par M. Delisle dans le journal des savants, 1900).

Philippe de Novarre, Les Gestes des Chyprois du XIIIe siècle, édité par Gaston Raynaud, Genève, 1887, in-4.

Pignora (Lorenzo), Le origine di Padova, Padova, 1625.

Pio (Michele), Delle vite degli uomini illustri dell' Ordine di San Domenico, Bologne, 1607.

Ponzi, Sacro diario Domenicano, vite dei santi dell' Ordine di S. Domenico, Brescia, 16 vol. in-12.

R

Raynaldi, Annales ecclesiastici, Baronius, Luca, 1748, in-fol.

Rey, Les colonies franques en Syrie au XIIe et au XIIIe siècles, Paris, 1883, in-8.

Riccardi (R. P. Thomaso), Storia dei vescovi Vicentini, Vicenza, 1786, in-4.

Rohault de Fleury, La Toscane au moyen âge, Paris, 1874, 2 vol. in-4.

Rolandino, Chronicorum sive memoriale temporum de factis in marchia Tarvisina, Muratori, T. VIII.

Rohrbacher, Histoire universelle de l'Église catholique, Lyon, 1872, 12 vol. in-4.

S

Salimbene, Monumenta historica ad Provincias Parmensem, Parma, 1858, in-4.

Salomoni (Jacobi), Agri Patavini inscriptiones sacræ et profanæ, Patavii, 1696.

Scardeonii (Bernardi), Historia Urbis Patavii, Bâle, 1560, in-fol.

Servois, Emprunts de S. Louis en Palestine. Bibliothèque de l'école des Chartes, Paris, 1858, in-8.

Sismondi, Histoire des républiques italiennes au moyen âge, Paris 1840, 10 vol. in-8.

Smeregi (Nicolai), Notarii Vicentini, chronicon, Muratori, T. VIII.

Souèges, L'année dominicaine ou les vies des saints de l'Ordre de S. Dom., Amiens, 1686, in-8.

Souèges, L'année dominicaine. Nouvelle édition. Lyon 1902.

Sutter (Carl), Fra Giovanni da Vicenza e l'alleluia de 1233, Vicenza, 1900, in-4.

Sponde, Annales ecclésiastiques, Paris, 1641, in-fol.

T

Tillemont (le Nain de), Vie de S. Louis (Société de l'Histoire de France), Paris, 1847-1851, 6 vol. in-8.

Todeschini, Sulle decime feudali del vescovado di Vicenza.

Tomassini (Philippo), Agri Patavini inscriptiones sacræ et profanæ, in-4.

Touron, La vie de S. Dominique avec l'histoire abrégée de ses premiers disciples. Paris, MDCCXXXIX, 1 vol. in-4.

Trissino (Marco-Antonii), Della Zetta Vicentina, Vicenza, 1802, in-8.

U

Ughelli, Italia sacra, Romæ, 1643-1662, 9 vol. in-fol.

V

Vigna (Raimondo-Amedeo), Vescovi Domenicani Liguri, Genova, 1887.

Verci (Giambattista), Nuova raccolta d'opuscoli scientifici, Vinegia, 1784, in-8.

Verci, Storia della Marca Trivigiana, Vinegia, 1786, in-8.

Vincens, Hist. de la République de Gênes, Paris, 1842, 3 vol. in-8.

Vogué (de), Les églises de Terre Sainte, Paris, 1860, in-4.

W

Wallon, S. Louis et son temps, Paris, 1875, 2 vol. in-8.

TABLE DES MATIÈRES

Chapitre VI

BAR-LE-DUC. — IMPRIMERIE Vᵛᵉ ÉMILE COLLOT.

www.ingramcontent.com/pod-product-compliance
Ingram Content Group UK Ltd.
Pitfield, Milton Keynes, MK11 3LW, UK
UKHW022012170726
13837UKWH00001B/139